PÉTITION

DU CI-DEVANT CORPS ROYAL PUIS IMPÉRIAL D'ÉTAT-MAJOR

SUIVIE DE SA RÉPONSE À LA CIRCULAIRE

qui lui a été envoyée à la date du [...] juillet 1876

CET OPUSCULE EST DÉDIÉ À SES ANCIENS FRÈRES D'ARMES

ET IL EN EST FAIT HOMMAGE

À MONSIEUR LE MINISTRE DE LA GUERRE

PAR

son très-humble et très-obéissant serviteur

A.-F. COUTURIER DE VIENNE

DOCTEUR EN DROIT

Chef d'escadron d'État-Major en retraite

PARIS

AUGUSTE GHIO,

PALAIS ROYAL, 1, 3, [...] (GALERIE[...])

LAMENTABLE ODYSSÉE

D'UN OFFICIER

DU CI-DEVANT CORPS ROYAL PUIS IMPÉRIAL D'ÉTAT-MAJOR

LAMENTABLE ODYSSÉE

D'UN

OFFICIER

DU CI-DEVANT CORPS ROYAL PUIS IMPÉRIAL D'ÉTAT-MAJOR

SUIVIE DE SA RÉPONSE A LA CIRCULAIRE

qui lui a été envoyée à la date du 4 juillet 1878.

CET OPUSCULE EST DÉDIÉ A SES ANCIENS FRÈRES D'ARMES

ET IL EN EST FAIT HOMMAGE

A MONSIEUR LE MINISTRE DE LA GUERRE

PAR

son très-humble et très-obéissant serviteur

A.-F. COUTURIER DE VIENNE

DOCTEUR EN DROIT

Chef d'escadron d'État-Major en retraite.

PARIS

AUGUSTE GHIO, ÉDITEUR

PALAIS ROYAL, 1, 3, 5, 7 (GALERIE D'ORLÉANS)

—

1879

PRÉFACE.

Il faut bien que je dise quelques mots en guise de préface.

Je comptais ne donner qu'un récit succinct de ma vie militaire, qui a été longue et peu brillante, puis de mes tribulations qui ont été fort nombreuses. Mais pendant que j'esquissais mon *curriculum vitæ*, comme disent nos voisins d'outre-Rhin, j'ai été assailli, dans mes nuits sans sommeil, par les souvenirs d'événements *quorum pars minima fui*, puis par des réflexions assez tristes sur l'avenir de la France. Souvenirs et réflexions je les ai recueillis, croyant qu'on en pouvait tirer profit, ne serait-ce que pour l'instruction des jeunes gens qui, séduits par l'uniforme, se destinent au rude métier des armes.

On entend souvent répéter que les sourds sont tristes et les aveugles fort gais... C'est une grave erreur, car le sourd pouvant se suffire rentre en lui-même comme un hérisson dont il a les aspérités, tandis que l'aveugle qui a besoin de tout le monde, fait des frais, est expansif et parfois bavard, mais n'en est pas moins d'une tristesse mortelle.

L'auteur de ces lignes réclame l'indulgence en faveur des deux infirmités dont il est affligé; d'abord celle de l'âge qui lui dit que d'ici à quelques semaines, ou à quelques jours peut-être, il va, en style de caserne, passer l'arme à gauche ; et certes il voit arriver cet instant sans regret et sans crainte, car quand on a vécu quatre-vingts ans dans cette France toujours agitée, quand on a été ballotté *comme un misérable fêtu de paille* par trois envahissements de l'étranger, par une dizaine de révolutions, on n'aspire plus qu'au repos.

Il dédie ces *postrema verba* à ses anciens camarades, qui tous lui ont passé sur le corps ; avec résignation il prêtait le dos à ce jeu de saute-mouton, et le lendemain il tendait une main aussi amicale à son camarade de la veille devenu son supérieur du jour. Aussi espère-t-il que tous lui conserveront un bon souvenir.

LAMENTABLE ODYSSÉE

CHAPITRE I.

Lycée impérial de Paris, 1807.

1807. Le vainqueur d'Austerlitz et d'Iéna était à l'apogée de sa gloire; il allait conclure la paix de Tilsitt, dans laquelle on dépeçait l'Europe pour en partager les morceaux entre la France et la Russie.

Pendant le jour, des revues; le jeune czar Alexandre, passant devant un peloton de grenadiers, saisissait tout à coup un fusil et exécutait devant le grand homme un *Présentez arme!* de la manière la plus correcte. Le soir, Napoléon au théâtre avait à ses pieds un parterre de rois; et à ce vers:

L'amitié d'un grand homme est un présent des Dieux.

Alexandre se jetait avec effusion dans les bras du grand Empereur.

Le Tartare avait enguirlandé ou, vulgairement dit, refait le Corse, qui avait bien raison de dire plus tard : « Grattez « un Russe, et vous trouverez tout de suite la peau de « l'ours. »

Par des clauses secrètes, il était permis à la Russie de s'emparer de la Finlande au détriment de la Suède, notre alliée héréditaire, et on laissait Napoléon libre de mettre la main sur l'Espagne.

Quant à la manière dont le grand homme s'y prit, il faut avouer que c'est le plus ignoble guet-apens que jamais l'Histoire ait enregistré.

Murat entre en Espagne avec quatre-vingt mille hommes, soi-disant pour aller combattre les Anglais en Portugal : et voici, par exemple, comme on s'empara de Pampelune.

Une division était cantonnée auprès de cette place. Un jour les soldats français s'amusaient à jouer aux barres et la garde espagnole d'une des portes était sortie pour se divertir de ce spectacle, lorsque tout à coup un petit parti de Français apostés se jette sur les faisceaux des fusils espagnols et pénètre dans la ville et est suivi par le reste de la troupe.

C'est ainsi que la forteresse de Pampelune tomba dans les mains des Français, et lorsqu'en 1823, on me racontait ce beau fait d'armes, j'avoue, à ma honte, que j'en riais et que je trouvais le stratagème très-ingénieux.

Murat agissait à peu près de la même manière en excitant des troupes à Madrid. Le malheureux Charles IV, avec sa femme et son favori Godoï, était appelé à Bayonne, où on le retint prisonnier et où on le fit abdiquer en faveur de Napoléon.

Toute cette affaire d'Espagne est une honte pour la France et les Espagnols se sont vengés de nous en 1808, par l'affaire de Baylen, qui a été, pour ainsi dire, l'inauguration de tous nos désastres. Le prestige de nos armes recevait une atteinte ; si le grand empereur avait été jusqu'alors invaincu, il n'était plus invincible.

Dans cette mémorable année 1807, nommé élève du Gouvernement, je fis mon entrée au lycée impérial à l'âge de huit ans, et je pris l'uniforme que je ne devais quitter que cinquante ans après. On me mit en tête un chapeau à trois cornes, un habit à collet montant et agrafé jusqu'en haut, ouvert sur l'estomac et en queue de morue, culottes courtes et des bas bleus traînant ordinairement sur les talons.

J'avais évidemment l'air du général Jacko qu'on montrait à la foire.

Quant à l'éducation qu'on recevait dans ce Prytanée, j'avoue que je n'ai compris quel fruit on pouvait en retirer : un peu de latin, peu de français et encore moins de grec ; du reste, pas un mot de géographie, pas même la connaissance des départements de la France.

Le grand homme, qui consacrait, bon an mal an, *de quatre à cinq mille francs* à l'instruction primaire de son empire, n'avait nullement à cœur de faire de ses jeunes sujets des *idéologues* qui étaient sa bête noire ; il voulait simplement créér une pépinière de bergers, bons à mener le bétail humain à la boucherie et même à payer de leur personne.

Le grand maître de l'Université, M. Fontanes, était certes assez habile pour avoir pénétré les intentions de son maître, auquel, dans une occasion solennelle, il osa bien dire : « Dieu, après avoir créé Napoléon, s'est reposé. » C'était de faire en sorte que les élèves des deux lycées regardassent comme une délivrance leur entrée dans l'armée.

Aussi le régime était tout militaire, au bruit du tambour, le maniement du fusil, la nourriture à peine suffisante, sans doute, pour habituer cette jeunesse à la frugalité ; les punitions fort dures. On avait pratiqué dans les mansardes des cellules qu'on appelait des abat-jour, et c'était bien vrai, car à deux ou trois heures de l'après-midi, on n'y voyait plus clair : un tabouret en bois, le vase indispensable, voilà tout l'ameublement. A dîner, on apportait au patient une écuellée de soupe et un morceau de pain ; autant au souper, si bien que mon bon et jeune camarade de classe, *Farmond,* qu'on avait menacé de laisser dans cette geôle encore pendant quelques jours, se pendit bel et bien jusqu'à ce que mort s'ensuivît.

Dans ce temps, à Paris, il n'y avait que deux lycées portant uniforme, lycée Impérial et lycée Napoléon : dans ce dernier, quelque temps après, le jeune Villemain, frère de l'éminent professeur, suivit l'exemple donné par Farmond, et on prétend que dans sa prison, il avait tracé quelques mots, dans lesquels, entr'autres, « il léguait son âme à Voltaire. »

Parmi nos professeurs, il y en avait certes de bien bons et de bien méritants, et parmi eux, M. Malleval, qui certes n'était pas méchant, mais qui avait le malheur d'être boiteux, et parfois mes camarades s'en aperçurent, car ils firent connaissance avec sa béquille.

Quant aux maîtres d'études, ils laissaient un peu à désirer ; mais ces malheureux pions faisaient un rude métier et étaient si mesquinement rétribués.

Mais nous avions particulièrement en horreur les sous-directeurs, que nous appelions les *chiens de cour,* et parmi ces derniers il y en avait un qui m'avait pris tout particulièrement en grippe, sans doute parce que ma mère ne m'avait pas fait prendre des leçons auprès de lui.

Il se nommait T... et je ne veux pas en dire davantage, car, s'il y a encore dans ce bas monde des homonymes, je craindrais de leur jeter ce nom abhorré à la face.

Un jour que je n'étais pas en retenue, ma tendre mère m'avait fait appeler au parloir et elle avait un peu prolongé les derniers embrassements et les dernières recommandations, si bien que j'étais en retard et me trouvais au pied de l'escalier que mon quartier était déjà au troisième étage: je me défilai derrière l'horrible cuistre T..., lorsque tout à coup je l'entends frapper fortement avec sa clef sur la rampe en fer et crier d'une voix de stentor :

« *J'entends encore ce* GAAAMIN *de Couturier qui cause là-haut.* »

— Ah ! monsieur T..., cette fois-ci ce n'est pas moi, ai-je la bêtise de lui dire.

— Vous n'êtes pas à votre rang, vous ferez deux jours de prison.

— Injuste.

Un bon soufflet.

Je fais mine de tirer mon eustache, alors je reçois un déluge de calottes, et je grimpe aux abat-jour, grelotté.

Notez encore que lorsque La Barrière, — beau nom pour un geôlier, — venait prendre l'un de nous pour le conduire aux abat-jour, nous étions assez dans l'habitude de jeter au patient une ou deux houppelandes; il fut défendu aux pions de le permettre, bien que deux de ces malheureux enfants eussent été fort malades du froid qu'ils avaient ressenti dans leur geôle.

J'étais presque continuellement au pain sec, et un jour (c'était le jour des rois) je montais la dernière marche du

réfectoire au petit collége, et je m'avise de dire tout triom-
phant à mon camarade :

« Ah ! cette fois-ci, je ne suis pas au pain sec ! »

— Vous y serez ! me dit par derrière une voix gogue-
narde ; c'était celle de l'horrible cuistre qui jubilait.

On attribuait à un de mes camarades une horrible plaisanterie à ce même T..., lequel avait eu l'imprudence de
laisser sa clef sur sa porte. Il la prit, la fit chauffer à bleu,
et la remit délicatement dans la porte. T... arrive, saisit sa
clef et laisse une partie de sa peau.

Cependant ce camarade, que j'ai retrouvé capitaine au
1ᵉʳ de ligne, se nommait Prousteau de Montlouis ; il se jeta
tout habillé dans l'eau pour sauver un de ses soldats qui
se noyait et périt victime de son dévouement.

En 1823, je passais à Bayonne, et je crois encore entendre Latour, un autre de mes camarades, officier d'artillerie, levant les mains au ciel avec un geste d'Ajax et
dire : « Je reconnais qu'il y a un Dieu, ce gredin de T.....
est mort à l'hôpital. »

Et olim meminisse juvabit.
Et ces souvenirs pleins de charmes,
Un jour de vos yeux tireront des larmes.

Oui, si bien que dix ans après mon entrée au service,
étant allé à l'horrible lycée, témoin de mes douleurs, la
grande porte se refermant sur moi, j'en eus un tel tres-
saillement que je crus tomber en syncope.

CHAPITRE II.

Il faut avoir eu le malheur de voir 1814, 1815, et le malheur plus grand encore de vivre assez pour assister en 1870 au siége de Paris, à la Commune qui en a été le bouquet, et avoir été ainsi mis à même de se rendre compte de ce que peut endurer une malheureuse nation de souffrances, de misères, d'horreurs, par suite d'invasions et de guerres civiles.

Décidément le nom de Napoléon est fatidique, il signifie dévastation, spoliation, invasion. Le grand empereur, dans ses dix ans de règne, avait mis l'Europe à feu et à sang ; il nous avait rendu l'objet de la haine inextinguible des peuples, et nous étions bien les *convicti odio generis humani.*

Aussi il venait de tomber sous les coups de tous les peuples coalisés ; il perdait une partie des frontières de la France d'avant la Révolution, il laissait la nation émasculée, et, poursuivi par les malédictions, il s'acheminait vers son île d'Elbe, forcé de se déguiser sous la capote d'un officier russe ou prussien pour échapper à la fureur des populations du Midi.

L'Europe entière commença à respirer, elle était délivrée

du fléau qui avait pesé si longtemps sur elle ; l'air rentrait dans les poumons, le cœur des mères n'était plus oppressé par la crainte d'avoir à livrer le fruit de leurs entrailles en pâture au Minotaure. Le jeune empereur de toutes les Russies trônait à l'Élysée ; autour de lui, campaient les Cosaques de la garde ; dans le bois de Boulogne les Hanovriens ; puis les Écossais, ces fiers montagnards, avec leurs plaids aux couleurs de leur clan, et une petite cotte, descendant un peu au-dessus du genou et laissant voir leurs cuisses toutes nues et toutes velues.

Cette diversité de costumes amusait le populaire Parisien, qui dans ce temps-là ne sortait guère des barrières ; et Alexandre, l'Agamemnon de la coalition, faisait souvent parader ses troupes.

Messieurs les officiers de la garde impériale, serrés dans leurs uniformes, étaient, pour être juste, fort élégants, et du moins pour nos belles dames, qui se laissaient courtiser et étaient même accusées de choyer un peu trop *nos amis les ennemis*, selon le langage du temps.

Au congrès de Vienne, le premier des diplomates que la France ait jamais possédés, le prince de Talleyrand, soutenait avec bonheur la dignité de la France et la faisait respecter, lorsque tout à coup un bruit se fait entendre comme un glas funèbre, et toute l'Europe tremble....

Le prisonnier de l'île d'Elbe s'était évadé et avait débarqué à Cannes.

Ce mois de mars est funeste : 30 mars 1814, bataille de Paris — 20 mars 1815, rentrée de Napoléon dans Paris — 18 mars 1871, Commune de Paris.

Ce qui restait de troupes avait défectionné ; l'infortuné maréchal Ney, qui s'était fait fort de ramener l'usurpateur dans une cage de fer, s'était laissé persuader par des émissaires de se joindre à son ancien chef ; il était à Lons-le-Saulnier, et sa conduite avait excité dans le cœur des habitants une certaine rancune dont j'ai pu être plus tard témoin. Puis les généraux Lallemand, Mouton-Duvernet, et le brillant colonel Labédoyère, à la tête de son régiment, avaient levé l'étendard de la révolte.

Il faut dire aussi que la Restauration avait commis bien des fautes, traînant à sa suite cette troupe affamée d'émigrés, qui n'avait rien appris ni rien oublié ; elle s'était avisé de former une splendide maison militaire du Roi ; quatre compagnies des gardes du corps du Roi, quatre compagnies dites de la Maison Rouge, mousquetaires gris, mousquetaires noirs, gendarmes et chevau-légers ; plus deux compagnies des gardes du corps de Monsieur ; — gardes de la Porte, gardes de la Prévôté, cent Suisses, c'est-à-dire plus de six mille officiers de tous grades, improvisés tout à coup ; lorsqu'il y avait encore des milliers d'officiers de l'ancienne armée à demi-solde et mourant de faim.

Un sous-lieutenant touchait 45 francs par mois.

Le 20 mars, *Nigro dies notanda lapillo*, j'allais le soir chez Monsieur Julienne, l'ami et l'avocat de ma famille, qui me dit : « Va, cher enfant, va voir ce qui se passe. » Puis il m'étreignit dans ses bras.

Je courus aux Tuileries, et, grâce à mon uniforme de lycéen et au capitaine de hussards Pigault-Lebrun, fils du romancier si en vogue alors et si oublié aujourd'hui, je pénétrai dans la cour par le guichet dit de la rue de l'Echelle. Une voiture de poste amena l'Empereur, il était environ neuf heures. Enlevé dans les bras des officiers, il fut hissé au haut de l'escalier au milieu des cris de : Vive l'Empereur !

J'avoue que je ne pus parvenir à le voir ; il avait l'air très-fatigué, et, assurait-on, il aurait dit en voyant toutes les boutiques fermées dans le faubourg Saint-Antoine : « *Je suis perdu.* » Dans les racines grecques on trouve : Laos, *peuple est souvent grue.*

Cette fois-ci, le peuple parisien avait eu du moins l'instinct des rats, qui pressentent qu'une maison va crouler et l'abandonnent ; lui pressentait quelle avalanche de misère allait tomber sur sa tête. Le lendemain je me trouvais chez le brave et digne maître Genreau, avoué, et j'y rencontrais son principal clerc M. Delangle, le même qui plus tard fut procureur général, ministre de la justice, etc. ; il parut étonné de ma gaieté et me dit : « Vous ne savez donc pas ce qui s'est passé cette nuit, M. Julienne s'est poignardé. »

Je restai atterré et anéanti par le coup. Le pauvre homme avait montré du royalisme, avait reçu une croix d'honneur, et il perdit la tête, car certes Bonaparte s'occupait peu de lui.

Je cherche dans ma mémoire, et je retrouve à peu près ces mots, de la main de Berryer, le père de notre grand orateur, dans son ouvrage sur le barreau de Paris, à cette époque :

« Julienne n'avait peut-être pas la dialectique de Tri-
« pier, l'ampleur de Lacroix-Frinville, mais il était *lui*,
« c'est-à-dire inégal, mais ayant parfois des élans, des
« bouffées d'éloquence tels qu'il entraînait, subjuguait et
« qu'on n'avait jamais entendu rien de pareil au palais. »

Mais que pouvait l'éloquence, auprès de ces bêtes féroces enragées et toujours ivres de sang, il n'a pu leur arracher le spirituel Cazotte, auteur du *Diable amoureux* et de tant d'autres productions, qu'on ferait bien de relire aujourd'hui. M. Julienne ne pouvait parler de Cazotte qu'avec les larmes aux yeux et je me rappelle avoir eu l'honneur de voir chez lui l'héroïque fille qui aux massacres du 22 septembre avait sauvé son père en le couvrant de son corps.... Mais les monstres ressaisirent leur proie, et le 25, ils l'envoyaient à l'échafaud : dans ce temps, on allait vite en besogne.

Ah ! je fis une grande perte, car Julienne me servait en quelque sorte de tuteur, pendant les longues absences de mon père.

Sur mon acte de naissance, il était indiqué comme consul à Naples ; plus tard, il fut secrétaire général de la police à Rome, et à cette époque il améliora beaucoup le sort des malheureux prisonniers ; c'est du moins ce qu'attestent les certificats que je peux montrer, et qui outre cela font l'éloge de son désintéressement et de sa délicatesse hors ligne dans les fonctions qu'il a remplies.

C'est du reste tout l'héritage qu'il m'a laissé ; mais en définitive il en vaut bien un autre.

Quelques jours après, j'assistai à une grande revue dans la cour des Tuileries et nous réunîmes un peloton de lycéens, pour défiler pompeusement devant Sa Majesté. Je me rappelle qu'entr'autres mon camarade de classe, Crémieux, était du nombre ; depuis je l'ai retrouvé plaidant par devant le premier conseil de guerre où je siégeai en qualité de commissaire du roi : mais les Révolutions aidant, M. Crémieux est devenu un personnage, un homme d'État, et je n'ai pas tenté de franchir la distance qui me séparait de lui.

Bientôt je m'engageai dans un bataillon de fédérés de la place des Vosges, qui partait pour aller bivouaquer sur les hauteurs de Belleville, et je fus reçu en qualité de fourrier.

Pauvre chère mère ! je la laissai trois jours et trois nuits sans pouvoir lui donner de mes nouvelles !

Tous les soirs, je prie Dieu qu'il daigne abréger mes souffrances, et avec non moins de ferveur, je prie ma mère, si tant est qu'elle puisse m'entendre, d'écouter ma voix et de me pardonner les chagrins que je lui ai causés.

Du reste, bien convaincu qu'avec mon bataillon de fédérés je n'avais pas retardé la chute du tyran, je n'ai pas réclamé la médaille de Sainte-Hélène.

CHAPITRE III.

185. Départ de Napoléon pour l'île Sainte-Hélène. — Sa mort en 1821. — Translation de ses cendres en 1840. —Blücher veut faire sauter le pont d'Iéna. — Prétention des Prussien sur l'Alsace et la Lorraine. — Intervention de l'Angleterre.

Quelle abominable époque que cette fatale année de 1815 ! Le terrible Blücher n'avait cessé de répéter que s'il parvenait à s'emparer de Bonaparte il le ferait fusiller dans les fossés de Vincennes. Mais Bonaparte lui avait échappé e s'était embarqué sur le *Bellérophon*, laissant derrière lui la nation exsangue, les frontières encore plus entamées au vif, les arsenaux et les ports complétement dévastés et nous léguant l'horrible *Terreur blanche :*

Le brave et digne maréchal Brune, massacré à Avignon, et, ce qui est peut-être plus odieux encore, deux généraux émigrés et envoyés par Louis XVIII, en voulant s'opposer à la fureur des cannibales, Lagarde et Ramel, tombèrent écharpés ; le dernier meurt après avoir reçu vingt-deux blessures.

Bonaparte est relégué à l'île Sainte-Hélène, où il est gardé par les Anglais et par les commissaires de toutes les nations de l'Europe, et la France avait le sien dans la personne de M. *le marquis de Monchenu*.

Le 21 mai, il meurt après avoir fourni une si longue carrière, non par le nombre des années, mais par toutes les agitations, toutes les secousses qu'il imprima à l'Europe entière.

Il est mort le grand homme ! saluons-le respectueusement ! apothéosons-le même, si le cœur nous en dit, mais j'avoue que je suis un peu comme cet empereur romain qui disait de son prédécesseur : « *Divus sit dùm non sit vivus.* »

Ce fut une singulière inspiration de M. Thiers, de nous rendre les cendres du grand homme, qui reposaient si doucement et si poétiquement, loin de l'Europe frémissante, sous les saules de Sainte-Hélène.

Après cela, ce n'était peut-être pas si maladroit de la part de l'historien national, c'était une réclame habile pour ses vingt volumes (1).

---

(1) Pour antidote aux vingt volumes, nous recommandons quelques pages du docteur Channing, admirables de critique et d'impartialité sur Napoléon. Nous recommandons aussi la *Vie de Napoléon* par Walter Scott (18 volumes), traduite en français en 1827.

Il s'est élevé un *tolle* général contre cet ouvrage ; on s'étonna qu'un Anglais n'ait pas vu le héros avec des verres grossissants, dont nous faisions usage, qu'il n'ait pas employé le style dithyrambique qui était à la mode chez nous, qui nous étions faits la loi de surfaire et d'agrandir outre mesure l'homme pour diminuer d'autant la honte de l'aplatissement que la France avait subie sous les pieds du maitre.

Dans son dernier volume, Walter Scott affirme de la manière la plus formelle qu'un des commensaux de Napoléon, le général Gourgaud tenait le cabinet de Saint-James au courant de tout ce qui se passait à Sainte-Hélène. Le brillant général, qui était alors très en vogue, et à qui fut offert une épée d'honneur, jeta feu et flamme, et provoqua en duel Walter Scott qui répondit incontinent qu'il n'était pas dans l'habitude d'user de pareils arguments, mais qu'il offrait de déposer les pièces probantes chez un ATTORNEY.

L'affaire en resta là, tout fut oublié, car on oublie tout si vite en France.

Lisez aussi les mémoires de sir Hudson Lowe, qui prouve que l'Empereur fut toujours traité avec tout le respect dû à son malheur ; du reste, le testament qu'il a laissé prouve qu'il n'a jamais été dans le dénuement, car il a légué des sommes assez considérables à l'honorable M. Larrey et à ses domestiques.

La scène de la translation des cendres eut lieu dans l'année 1840, le 15 décembre : il faisait 15° degrés de froid et plusieurs pauvres soldats furent gelés ; nous attendions avec une fébrile et anxieuse impatience l'arrivée du convoi de la *Belle Poule*.

Quelques officiers étaient descendus de cheval pour « battre la semelle »; et l'un deux de s'écrier : « Ah ! grand homme ! tu en as bien fait tuer de ton vivant, veux-tu donc, après ta mort, nous faire mourir de froid ?.. » et la cantonnade de rire.

Le grand homme dort en paix sous la coupole des Invalides. *Requiescat in pace.* Au moins nous le souhaitons. C'est dans une espèce de puisard, au fond un sarcophage en granit, ce qui a tout à fait l'air d'un poisson rouge, dans un bocal, et qui rappelle tout le sang versé.

En ravivant le souvenir du premier empereur, grâce à ses 20 volumes d'histoire sophistiquée, M. Thiers, avec accompagnement des *flons flons* de Béranger, et de compte à demi avec les commis-voyageurs, peut se vanter de nous avoir valu la troisième restauration impériale et tout ce qui s'en est suivi.

Lorsqu'il réglera définitivement ses comptes avec la postérité, il aura bien aussi à son actif le 18 mars 1871, car il aurait bien pu ne pas déguerpir si prestement pour Versailles, appeler à lui les quelques bataillons de la véritable garde nationale, car nous voyons dans le travail de M. l'abbé Lamazou intitulé : *Les derniers jours de la Roquette*, que des bataillons fidèles se trouvèrent pour se faire écharper sur la place Vendôme.

M. Thiers aurait pu encore, au moins, prendre les clefs du Mont-Valérien, et faire descendre la Seine aux canonnières pour ne pas les laisser entre les mains des insurgés.

Après cela, il faut avouer que M. le général de division Vinoy n'avait pas été heureux en envoyant son camarade le général de brigade Lecomte, avec mission de s'emparer de 150 canons, sans lui envoyer en même temps un attelage pour descendre ces pièces. On sait quel fut le lamentable résultat de cette incurie.

Le terrible Blücher, n'ayant pu fusiller Bonaparte dans les fossés de Vincennes, s'en prend au pont d'Iéna, qu'il veut faire sauter au moyen de fourneaux de mines pratiqués à cet effet.

Alors parut dans je ne sais quel journal un article à grande sensation : « *Le Roi déclarait qu'il allait se faire porter sur le pont d'Iéna.* »

Le comte Beugnot, dans ses mémoires, a l'air de faire sous-entendre qu'il était l'auteur du fameux article ; il insinue malicieusement que le roi, ayant beaucoup applaudi, avait fini par se persuader de bonne foi que la phrase à effet était de son crû.

Le pauvre Louis XVIII était, à cette époque, prisonnier dans son palais des Tuileries. Dans le rez-de-chaussée en équerre du palais, il y avait des soldats prussiens casernés, qui faisaient sécher leur linge : de l'autre côté de la Seine, au coin de la rue du Bac, j'ai vu pendant longtemps deux jolis canons prussiens braqués insolemment contre les Tuileries : puis, entre nous, le bon roi podagre n'avait pas beaucoup l'encolure d'un Mucius Scévola.

Mais les prétentions du terrible Blücher et de ses Prussiens étaient bien autres encore, car ils réclamaient d'ores et déjà la profonde amputation en pleine chair vive qu'ils nous ont fait subir 55 ans après..... Ils réclamaient l'Alsace et la Lorraine.

Ce fut alors l'Angleterre qui fut notre planche de salut, notre ancre de miséricorde.

Et, qu'on le sache bien, ce n'est pas la première fois qu'elle a joué ce rôle auprès de nous : déjà sous le grand roi Louis XIV, lorsqu'ils vous valurent la paix d'Utrecht, ne lisons-nous pas dans les mémoires du marquis de Torcy ces mots : *« nous offrir la paix dans cet instant, c'était comme si on demandait à un moribond s'il voulait revivre. »*

Après cela que nous n'en sachions aucun gré à Messieurs les Anglais, je le veux bien ; car, dira-t-on, ils agissaient dans leur propre intérêt et dans celui de l'équilibre européen. C'est possible, mais encore est-on heureux de trouver un appui lorsqu'on tombe, et de savoir où le trouver.

Cet appui nous a manqué en 1870 : M. Gladstone, héritier de la haine de lord Palmerston pour nous, n'a pas craint de dire en plein parlement *« qu'il était bon que les Français reçussent une petite leçon »* ; mais je suis persuadé qu'il n'aurait pas voulu que la leçon fût si bonne : et tout au moins il faut reconnaître que le peuple anglais ne s'est pas associé à ce mauvais vouloir, car il a généreusement envoyé à la population parisienne des secours de toute nature, pendant le siége.

CHAPITRE IV.

J'avais l'intention d'abord de ne donner qu'un résumé
succinct de mes services, qui s'ils n'ont pas été brillants, ont
été souvent fort pénibles ; mais le passé est apparu à mes
yeux privés de lumière avec ses mirages éblouissants, et
les souvenirs sont venus m'assaillir en foule, et on me
pardonnera si je les ai recueillis, car à mon âge, on ne vit
plus que de souvenirs : volontiers, je dirais comme madame
Deshoulières, à ses ruisseaux......

« Allez mes feuilles volantes, éparpillées au gré des vents, allez
« Dans le sein du néant d'où nous sommes sortis. »

Et peut-être même avec moins de désespérance que
madame Deshoulières, et me plaisant à croire qu'il en restera quelque chose dans l'âme de ceux qui m'ont connu.

1816. — On licenciait l'armée d'outre-Loire. On avait sup-
primé l'école militaire de Saint-Cyr, également une grande
partie de la maison du roi, il n'en restait plus qu'un tronçon.

Nourri des bulletins de la Grande Armée grâce à mon
éducation impériale, je n'étais absolument bon à rien, et,
par faveur insigne, je fus admis comme *surnuméraire* dans
une des compagnies des gardes du corps de Monsieur,

moyennant que ma vénérable et pauvre mère me ferait une pension de 1600 francs.

La chère femme ne savait pas que son malheureux enfant, âgé de 17 ans, allait être condamné au métier le plus sot et au service le plus effroyablement pénible :

Huit jours de service sans désemparer aux Tuileries ou à l'Élysée, avec cinq heures de faction par jour ;

Huit jours de détachements, parmi lesquels celui de Paris à Rambouillet, c'est-à-dire vingt-cinq lieues par les mêmes gardes, avec casque en acier, giberne, grandes bottes à l'écuyère, et sabre à la main dès qu'il faisait nuit.

Je ne puis me figurer que j'ai porté cet accoutrement, tant j'étais mince, fluet et chétif.

Mes camarades disaient de moi que j'étais *un extrait d'homme, une fraction de l'humanité souffrante*, si bien que par respect pour ma dignité personnelle, je fus forcé de me rebiffer, d'aller sur le terrain et d'en découdre.

Un jour, le général Trogoff me présenta à M. le comte d'Artois, lui disant que j'étais le petit neveu de Monseigneur de Vienne, évêque suffragant de Lyon, massacré pendant la Révolution. Le prince se tournant vers son capitaine des gardes, le duc Descars, lui dit : « Je désire que ce jeune homme passe le plus tôt possible en pied. » —La première place sera pour lui, lui répond le duc.

Je n'eus pas la première place, ni plusieurs autres, car je ne fus jamais mis en pied.

Plusieurs fois, en passant, le bon prince me reconnaissait et me souriait, il se disait sans doute : « Voilà un heureux que j'ai fait. » — Et moi j'étais tenté de sortir des rangs et de m'écrier : Monseigneur, on se moque de vous !

Mais enfin, le pauvre surnuméraire, en 1818, passa ses

examens tant bien que mal et fut reçu élève à l'école d'application d'État-Major.

Après la galère qu'il quittait il dut se trouver heureux sous le commandement du bon général Desprez, et avec des professeurs dont il aime à rappeler les noms : les commandants Maissiat, Augoyat, et enfin le sous-intendant Odier, etc., etc..

De là il alla en 1821, comme on dit vulgairement, essuyer les plâtres, dans le 4e chasseurs à cheval, sous les ordres du colonel marquis de Castries. L'ordonnance réglait assez mal le service des aides-majors dans les corps, et n'expliquait pas clairement par qui ces jeunes officiers pouvaient être punis. Il paraît que le colonel comprit mal l'ordonnance; et ce fut un malentendu continuel entre le chef du corps et son aide-major : il en résulta pour ce dernier force condamnations aux arrêts et voire même à la prison de la ville de Tours, où, à son retour de Saumur, après avoir eu le malheur de perdre son cheval par la morve, en courant après le général Berton, il fut fort étonné de se voir incarcéré, il n'a jamais su pour quel motif, et s'y trouva en compagnie des sous-officiers Conderc, Mathieu et Sirejean, ce dernier âgé de vingt-deux ans et déjà condamné à mort. Deux jours après, délivré par le général commandant de la division, il allait faire fusiller ledi-pauvre jeune homme, dont le crime avait été d'apporter un chiffon tricolore dans la caserne.

Ah ! pourquoi, grand Dieu, le régiment n'était-il pas sous les ordres de Claire-Clémence de Maillé-Brézé marquise de Castries, ce trésor de charité dont les mains blanches semaient l'aumône, cet ange de bonté qui cachait avec pudeur ses bienfaits !

Un pauvre officier à demi-solde nous arrivait à l'instant d'entrer en Espagne (et dans ce temps, on ne fournissait pas de chevaux aux officiers); il adressa une pétition au comte d'Artois, qui répondit par le refus le plus net. Madame de Castries, usant d'un pieux mensonge, tira de sa bourse le prix de la remonte pour l'achat d'un cheval. Du reste, le bienfait n'était pas mal placé : le brave lieutenant Dackweyler n'avait véritablement pas de chance en Espagne. Dans la première guerre sous l'Empire il avait eu la mâchoire fracassée, cette fois-ci à *Campillo de Arenas* il avait eu le corps traversé par une balle, et à Grenade, j'allais souvent le consoler sur son lit de douleurs.

Le hasard fit qu'un jour il parla d'une manière assez leste de madame la marquise de Castries. Je ne crus pas commettre une indiscrétion en lui révélant ce qu'elle avait fait pour lui — une larme perla dans les yeux du vieux soldat.

Ah ! qu'elle était belle en amazone, quand elle piaffait sur son cheval alezan !! A la voir, les figures s'épanouissaient, et je crois, en vérité, que les chevaux hennissaient. Dieux immortels !! Qu'elle était belle à côté de son triste mari, aussi maladroit à cheval qu'à pied.

CHAPITRE V.

1823 et 24. Espagne, le général prince de Broglie-Revel.—1825 et 26, 4ᵉ d'artillerie à cheval, colonel comte d'Esclaibes d'Hust.

En 1823, l'auteur fit la campagne d'Espagne dans le 11ᵉ de ligne, sous le commandement du comte d'Houdetot. En 1824, à Saragosse, le général commandant, prince de Broglie, ayant demandé un officier qui parlât espagnol, se l'attacha comme interprète.

Mais ici je m'arrête — la troisième personne ne convient plus, car les larmes jaillissent de mes yeux privés de lumière au souvenir de celui qui, par ses aimables qualités, par ses vertus, par sa piété fervente, mais en même temps si tolérante, m'a fait concevoir l'idéal de la perfection sur cette terre. Je conserve comme une relique une lettre de son fils du 24 septembre 1865 dans laquelle je retrouve ces mots : « Je ne sais ce que de Vienne fait maintenant ; mais quand tu le rencontreras montre-lui du cœur: il a été bien malheureux, je prie souvent pour lui ; s'il connaissait les consolations de la religion, il souffrirait moins. »

De 1815 à 26, dans le quatrième d'artillerie à cheval, j'eus encore la bonne chance de trouver dans Monsieur le comte d'Esclaibes d'Hust la perle des colonels ; si tous les régiments en avaient de pareils, l'armée française serait la première armée du monde. Cet aimable chef me tira de quelques embarras causés par l'exubérance de la jeunesse et par l'exaltation d'un cœur trop sensible,

CHAPITRE VI.

1827. Nouvelle ordonnance sur le corps de l'Etat-Major. — 4ᵉ d'infanterie légère. — 5 février 1828, nommé lieutenant au 4ᶜ régiment d'infanterie de la garde avec rang de capitaine. — Exclu de la garde avec perte de son rang de capitaine, pour le fait d'une brochure fort innocente, et envoyé au 38ᵉ de ligne.

Mais voici qu'en 1827, paraît une nouvelle ordonnancé sur l'État-Major, bien plus saugrenue que la première : on détache les pauvres aides-majors dans des régiments dont ils doivent prendre l'uniforme ; et me voilà endossant le collet jaune et l'épaulette d'argent du quatrième régiment d'infanterie légère avec lequel je m'achemine pédestrement et tristement vers Clermont en Auvergne. Tout en arrivant, le colonel comte de Chambrun se débarrasse de ma personne en me colloquant au recrutement comme aide du capitaine, chargé de cet office, et j'eus le loisir de lever le plan des puys de Dôme, de Pariou, de Côme, etc., et de lire les *Grands jours d'Auvergne* de Fléchier, ouvrage qui par parenthèse ne donne pas une haute idée de la civilisation de la France, dans les provinces, sous le règne fastueux du grand Roi, à son apogée.

Dans l'hiver de la même année, étant en semestre, je publiai un travail intitulé : *Examen du projet de loi présenté aux Chambres sur la législation militaire*, qui attira l'attention sur son auteur.

Aussi, le 5 février 1828, fut-il nommé lieutenant dans le

quatrième régiment d'infanterie de la garde avec le rang
de capitaine.

Tout aussitôt il dut arborer le bonnet à poil et l'habit
couvert de brandebourgs en argent. Le malheureux !... il
ne garda pas longtemps cet accoutrement, car Monsieur le
général de Préval lui commanda, en quelque sorte, un petit
écrit qu'il présenta à Monsieur le général d'Ambrugeac,
pair de France, qui s'occupait de réorganiser encore le
corps d'État-major ; mais n'ayant pas trouvé que le dit pair
avait fait à ce petit travail l'attention qu'il méritait,
il engagea l'auteur à l'imprimer, et l'innocent le fit sous
le titre de: *Encore un mot sur le corps royal d'État-Major.*

C'était hélas ! un mot de trop, car il excita un *tolle* général : et en vérité, aujourd'hui je me fais relire cette pauvre
brochure et j'avoue que je n'y vois rien que de bien innocent, de généreux même, car si j'étais libéral comme on
l'est au jeune âge, je servais les Bourbons de tout mon
cœur. Mais je fus abandonné complétement par M. le général Préval, et même le digne et bon maréchal Oudinot,
qui m'avait d'abord accueilli avec beaucoup de bienveillance,
me parlant de mon père qu'il avait connu en Italie, termina
par me dire d'un air piteux qu'étant à la fin de son service
il n'avait pas voulu prendre couleur. Ce fut son expression, c'est-à-dire qu'ils me laissaient tous deux tomber à
plat.

Et je ne pus m'empêcher de penser à Saint-Simon qui à
plusieurs reprises parle dans ses mémoires d'une qualité
qu'il a trouvé assez générale parmi ses compatriotes, et
qu'il appelle la *platitude française.* Bref, je fus expulsé de
la garde avec perte de mon rang de capitaine et dus aller
prendre l'uniforme avec collet rouge et épaulettes d'or

dans le 38ᵉ de ligne, sous le commandement du comte du Rocheret : et il ne me gâta pas, certes, pas plus qu'un général Ledru des Essarts qui en 1829 vint inspecter le régiment à Neufbrisach : A la seule audition de mon nom, il me dit *que j'étais mal tenu;* je lui répondis respectueusement : « que je descendais de garde à l'instant même », — « *Pas d'observations, je ne les aime paaas.* » Et il me campa aux arrêts pour huit jours.

Il est vrai que ces arrêts furent aussitôt levés par l'entremise de mon camarade le capitaine Pelissier, depuis maréchal, qui vint chez moi et me fit presque violence pour lui donner une lettre du bon général depuis maréchal Gérard, qui m'aimait et me recommandait chaudement au dit général Ledru.

Avant la lettre j'étais bon à pendre, après la lettre j'étais choyé. Ah ! Saint-Simon, que tu connaissais bien ton époque et peut-être avais-tu deviné la nôtre !

CHAPITRE VII.

1830. 30 juillet déserte de son régiment en garnison à Amiens et se
trouve à l'affaire de Rambouillet les 1er et 2 août. — Nommé capitaine au 54e de ligne à Briançon. — Admission au Dépôt de la
Guerre. — 1832, blessé d'un coup de feu, à l'affaire du convoi de
Lamarque. — Décoré pour ce fait.

1830 venait de sonner à la grande horloge du temps,
encore une révolution !! La pauvre France a eu depuis 1789
jusqu'à nos jours dix-huit changements de gouvernements
et de constitutions (je les ai bien comptés), chacun l'un
dans l'autre durant quatre ans et demi.

Le souffre-douleur du 38e de ligne était en garnison à
Amiens, et le 6 juillet il s'esquiva, ou, pour dire net, il *dé-
serta ;* et certes si les choses eussent tourné autrement il
eût été immanquablement et justement fusillé. Ah ! combien de fois, depuis, a-t-il regretté que justice n'eût pas été
faite !

A cette même époque, le sieur Bazaine, depuis maré-
chal, entrait dans le même 38e comme simple soldat, et il
a pu entendre lire à l'ordre pendant une quinzaine le nom
de l'officier d'état-major, *à cette fin de le traduire devant
le 4e conseil de guerre séant à Lille.*

Alors il fut nommé capitaine au 54e de ligne à Briançon ;
c'était le quatrième changement de régiment dans l'année,
cependant on lui épargna ce dernier, car il fut admis au
Dépôt de la Guerre.

En 1832, bouillant d'une ardeur juvénile, il alla, sans être commandé, faire le coup de feu aux barricades les 5 et 6 juin, et il reçut une blessure au cou, dans la rue de la Planche-Mibray, car c'est ainsi qu'on nommait dans le temps le commencement de la rue Saint-Martin.

Il eut l'honneur d'être opéré par le baron Larrey en personne, si bien que sans l'arrivée de son ami Gerfaux, secrétaire du Comité de santé de la guerre, qui débrida les bandages qui le couvraient, il avait un commencement de tétanos.

Pour ce fait, il fut décoré de la Légion d'honneur,..... et de plus on lui accorda un congé de convalescence, avec solde entière, qu'il alla passer en Italie, dont il rapporta un mémoire sur l'armée napolitaine qu'il avait vue défiler le 7 septembre, à la cérémonie appelée *Piedigrotta :* et sur l'armée autrichienne, dans ses camps de manœuvres *Soma* et *Montechiaro.*

Quelques jours après, il repartait sous les ordres de M. le général Pelet, commandant le corps d'observation de l'armée de la Meuse, à Charleville.

Et ici il faut mettre en note qu'il ne peut plus guère consulter que sa mémoire, car beaucoup de pièces qui constatent ses états de service, et entr'autres son brevet de la Croix de Saint-Ferdinand d'Espagne reçu en 1824, furent perdus pendant son absence de Paris en 1870-71.

CHAPITRE VIII.

Il fut nommé en 1835, aide de camp du général Bugeaud, de cet homme si bon, si loyal, dont, en vérité, je crois que nos troupiers, tant qu'il y aura une Algérie, se rappelleront le nom comme le peuple parisien a gardé la mémoire d'Henri IV, le bon roi, tant soit peu gascon, qui lui avait promis la poule au pot, qu'il ne tient pas encore. Mais de bien douloureux chagrins de famille l'empêchèrent d'accompagner son général, lorsqu'il allait en Afrique conclure avec Abd-el-Kader une paix assez triste, et dont, il l'avoue pour son compte , il augurait mal.

Il fut ensuite nommé secrétaire-adjoint du Comité d'infanterie et de cavalerie ; poste fort enviable, lorsqu'on saura que ce Comité était présidé par le digne général, depuis maréchal Reille.

Il avait pour chef d'emploi, M. le commandant Cerfberr, homme fort habile qui, en sa qualité de bon Israëlite, avait deux cordes à son arc ; car il était en même temps, sous le manteau de la cheminée, directeur du théâtre du Gymnase dramatique : outre cela, il était l'homme de confiance et, on peut dire, l'homme d'affaires du général Schneider, son coreligionnaire, à ce que nous croyons.

M. Cerfberr arrivait assez tard au ministère, un gros portefeuille sous le bras, et courait les bureaux ; nous ne pourrions dire ce qu'il y faisait ; quant à ce qui concerne le Comité, il laissait naturellement tout le travail à son sous-ordre et dont il lisait, par parenthèse, assez mal les rédactions ; mais il offrait avec infiniment de grâce la plume à chacun de Messieurs les membres du Comité, pour signer les procès-verbaux.

Quand M. le général Schneider devint ministre de la guerre, il prit naturellement pour chef de cabinet son coreligionnaire, qui lui avait indiqué de bons placements.

Le secrétaire-adjoint continua plus d'une année à faire la besogne, et le pauvre hère croyait enfin avoir le vent en poupe, lorsqu'un jour, — jour néfaste !..... *Dies nigro notanda lapillo !!* — le digne général Reille vint, en quelque sorte, tout attristé, lui dire : « Comment ! comment ! vous avez donc demandé à nous quitter, et je vous avais porté pour l'avancement et chaudement recommandé. »

On comprendra la stupéfaction du sieur C. de Vienne, qui pria en grâce le bon général d'aller s'expliquer avec M. le ministre et qui attendit avec angoisse son retour. Mais le général lui apprit que le ministre lui avait dit beaucoup de bien de sa personne, mais que c'était une décision irrévocable ; qu'il avait eu beau protester, que lui et ses collègues regretteraient leur secrétaire qui *cristallisait* si bien ce qu'ils disaient, et même parfois savait rhabiller des discussions tant soit peu décousues : Ce fut en vain...

C'était un tour dudit Cerfberr, qui pensant bien que si

son ancien adjoint obtenait le grade supérieur, il serait par cela même nommé secrétaire en titre, position qu'il se réservait ; et à la place de celui qu'on renvoyait après plus de deux ans d'exercice, il fit mettre un capitaine Constantin, qui eut une fin malheureuse.

Décidément, le sus-nommé C. de Vienne était né sous une mauvaise étoile, et, qu'on nous permette de le dire, il avait été doué par la fée Guignon guignonnante. Il donna rendez-vous à Mons-Cerfberr dans la vallée de Josaphat, et répéta les malédictions de l'ami Toussenel, qui venait de faire *Les Juifs, rois de l'époque,* ouvrage qui eut dans le temps beaucoup de succès.

CHAPITRE IX.

Il est envoyé à la 1ʳᵉ division militaire sous les ordres du général
Pajol. En 1836, il obtient les diplômes de licencié et de docteur
en droit. — 1843, il publie un ouvrage ayant pour titre : « *Études
sur la Législation française.* » (1 vol. grand in-8° 600 pages.)

Puis il tomba à la 1ʳᵉ division militaire sous le commandement du général Pajol, qui d'abord le reçut assez mal,
mais le bon et brave Franc-Comtois se raccommoda avec
lui.

Cependant le déshérité de la fortune n'était pas au bout
de ses tribulations.

Un professeur éminent du Collége de France, qu'il aimait
beaucoup, lui disait : « *Vous avez tout ce qu'il faut pour
ne pas réussir.* » Et en effet, oublieux du précepte de Pascal : « *L'homme habile parle peu, n'écrit point et intrigue
beaucoup* », il s'avisa de publier, sans nom d'auteur, une
maudite petite brochure sur l'Arc de Triomphe (1836),
qu'il appelait un fastueux mensonge, tracé sur la pierre,
urbi et orbi, c'est-à-dire qu'il se moquait de certains noms
qui avaient eu le talent de se faufiler, et ce en assez grand
nombre, au milieu de véritables illustrations de l'empire ;
et ces noms lui gardèrent des rancunes vivaces dont il se
ressentit pendant tout le reste de sa vie militaire.

M. C. de Vienne, tout en faisant le service fort actif de
la 1ʳᵉ division militaire, avait trouvé le moyen par un la-

beur incessant de jour et de nuit de se faire recevoir licencié, puis docteur en droit, et même de publier, en 1843, un
ouvrage utile et estimé qui avait pour titre : *Études sur la
législation française.* (600 pages, grand in-8°).

Après la Révolution de 1830, on lui avait offert une
bonne sous-préfecture, mais il jugeait qu'une sous-lieute-
nance valait bien une sous-préfecture, et à plus forte raison
son grade de capitaine d'état-major.

CHAPITRE X.

En 1837, il avait été nommé auditeur au Conseil d'État, position bien peu en rapport avec son âge, ses services et ses travaux ; mais il s'était figuré que par cette voie, il arriverait plus sûrement au service *ordinaire* et alors dire adieu à la carrière militaire qui lui avait été si ingrate.

A cette époque il y avait conformément à l'ordonnance trente auditeurs : douze de première classe, dix-huit de seconde, et, au bout de deux à trois mois, il avait été promu à la première et il ne pouvait se figurer que M. Barthe, alors ministre de la justice, irait porter le nombre des auditeurs à quatre-vingts, si bien qu'une ordonnance nouvelle vint les rayer purement et simplement au fur et à mesure qu'arrivés à une certaine époque ils n'étaient pas parvenus à se caser, soit dans le service ordinaire, soit dans toutes autres fonctions.

L'auditeur, presque quadragénaire, disait à M. le duc d'Orléans, quelques jours avant la perte regrettable et si funeste de cet aimable prince :

— Monseigneur, je suis en vérité dans le proverbe le plus vulgaire.

— Que voulez-vous dire ?

— Eh bien ! je me trouve le c... entre deux selles. J'avais espéré en travaillant ici et là me donner un double droit à l'avancement ; mais pas du tout. A la Guerre on dit : Il est au Conseil d'État, qu'il y fasse son chemin ; et au Conseil d'État on en dit autant : Qu'il aille gagner des grades dans l'armée.

Toujours est-il qu'il resta neuf ans au Conseil, assez pour se convaincre que tout n'est pas au mieux dans cette France à laquelle on répétait dans ce temps à satiété que : *toute l'Europe nous enviait* notre organisation civile, militaire, judiciaire, etc., etc., et alors que M. le procureur général Dupin, dans un discours de rentrée, prononçait les mémorables paroles que nous citons textuellement : « La magistrature française est la plus illustre qui ait jamais existé chez aucun peuple, honneur éternel de notre patrie, modèle vénéré de ce que les hommes peuvent réunir de sagesse et de courage, de savoir et de vertu. »

On ne peut pas se casser plus intrépidement l'encensoir sur le nez, mais tout au plus nous serait-il permis de dire comme Etienne Pasquier : « Tout cela est très-vrai, parce que je souhaite qu'il en soit ainsi. »

Il avait été désigné pour rapporter devant le Conseil, et voire même, peut-être après, devant la Chambre, un nouveau projet de code militaire par M. Martin du Nord, alors ministre de la justice, qui l'avait pris en affection et disait à tout venant : « M. C. de Vienne est méritant, et la première place de maître des requêtes en service ordinaire lui revient de droit. »

Mais hélas ! la mort inopinée de ce bon M. Martin

du Nord changea la face des choses et lui ôta toute espérance d'avancement.

Il n'avait décidément pas de chance, lorsque, en 1846, il fut bien étonné d'être désigné par le général Sébastiani qui avait remplacé le général Pajol, pour commander...... le Gymnase-musical militaire !!

Figaro l'a dit dans le temps : « Il fallait un mathématicien, on envoya un danseur. »

Aujourd'hui c'était le docteur en droit à qui on donnait la garde de cette volière bruyante composée de 350 jeunes gens, venant de tous les corps de l'armée ; infanterie, cavalerie, zouaves, etc., etc.., parmi lesquels bon nombre de Parisiens, assez volontiers coureurs de bordées, et qui lui jouèrent d'abord pas mal de tours, en grimpant par-dessus les murs de la caserne, soit en lui dépêchant des mères ou des sœurs apocryphes, venant solliciter des grâces ou des levées de punitions.

Du reste, cette organisation du Gymnase musical militaire était bien la plus hétéroclite et la plus baroque qu'on pût imaginer. Il était considéré comme étant une compagnie en subsistance auprès d'un des régiments de la garnison de Paris.

Pour habiller son infanterie, le commandant avait recours aux régiments casernés à la Pépinière ; pour la cavalerie, c'était plus compliqué ; il fallait qu'il envoyât prendre mesure pour une veste d'écurie au régiment de cavalerie du quai d'Orsay, puis il envoyait ladite mesure au régiment de l'homme à habiller. — Quant aux zouaves, comme il ne recevait jamais de réponse d'Afrique, il avait recours au Temple, où on les fagotait en turc de carnaval.

Le malheureux commandant était à la fois colonel,

capitaine-trésorier, capitaine d'habillement, en un mot, une espèce de maître Jacques; de plus, il correspondait avec tous les chefs des corps de l'armée; et en vérité, s'il devenait un homme de lettres, il était à craindre qu'il oubliât le peu qu'il savait en fait de belles-lettres.

C'est avec ces jeunes gens qu'en 1848, il défendit pendant cinq jours la caserne de la Nouvelle-France, faubourg Poissonnière; et quand tout fut consommé il ramena, à travers les barricades, son monde qui, réintégré à la rue Blanche, continua à souffler au bout, tandis qu'à Paris il n'y avait ni autorités militaires ni un gendarme.

Il n'eut qu'à se louer de toute cette jeunesse, mais il eut quelques peines à faire déguerpir des patriotes hurleurs qui s'étaient crus en droit de s'emparer de la salle des répétitions.

Mais ici, je m'arrête .....

CHAPITRE XI.

1848. Encore une Révolution.

24 février 1848!!!!! Encore une Révolution, et cette dernière n'était motivée en aucune façon ; ce ne fut que le plus déplorable malentendu, et ceux qui firent la République furent peut-être plus étonnés de leur œuvre que ceux qui, comme un pauvre bétail, la subirent.

Le roi Louis-Philippe s'acheminait vers l'exil : il n'avait d'autres torts à se reprocher que d'avoir été trop bon, et d'avoir oublié le mot si profond de Bernadotte : « Pour mener le peuple français, il faut une main de fer dans un gant de velours. » Mais le bon roi avait une horreur profonde du sang, et un honorable vice-président de la haute-cour nous montrait un jour un dossier sur lequel des ratures, des annotations, c'est-à-dire tout le travail d'une nuit de douleurs passée par ce prince pour arriver à se décider enfin à signer un arrêt de mort.

Chose à remarquer, sous Napoléon Ier qui émasculait la France, dévastait l'Europe, et — *descendu au rang d'un pauvre insensé* (comme dit M. Thiers dans son 20e volume), consommait trois cent mille conscrits par an, il y eut bien la machine infernale de la rue Saint-Nicaise et en **1812** la conspiration Malet, Guidal et Lahorie, mais pas ombre d'émeute ; et pour le faire tomber il fallut l'effort de toute l'Europe conjurée.

Sous la Restauration, les Bourbons n'y allaient pas de

main morte pour la répression : et il n'y eut que quelques échauffourées militaires, telles que celles de Berton et des sergents de la Rochelle ; inutile de parler de criailleries sans conséquence dans la rue Saint-Denis ; et s'ils tombèrent, ce fut grâce à leur malencontreuse ordonnance faisant un abus par trop criant de l'article 14, et à la maladresse des ministres qui ne surent pas les soutenir.

Plus tard, le prince Louis-Bonaparte donne une saignée au bon peuple parisien, envoie une trentaine de mille patriotes incommodes changer d'air, et bon nombre d'entre eux en Afrique *plus* ou en Afrique *moins*, car c'était alors le jargon de la chancellerie, il eut le droit de dire avec raison : « *De l'ordre, j'en réponds,* » et s'il tomba, ce fut de son propre poids en laissant tout aller sous lui, et il ne fut pas renversé. Tandis que sous le débonnaire roi Louis-Philippe, l'émeute était en permanence ainsi que l'assassinat ; on a compté quinze à seize tentatives, et on avait fini par croire, en vérité, que la Providence l'avait rendu invulnérable, et s'il est tombé, celui-là, on est encore à se demander, tout ébahi, pourquoi ?

Serait-il donc vrai de dire des peuples comme des individus, qu'il faut de temps en temps leur administrer des calmants ; pour ces derniers, si l'on tarde trop, des coups de sang, fièvre cérébrale, apoplexie foudroyante, en ont bientôt raison.

Pour les peuples, cela traîne beaucoup plus longtemps, car ils ont la vie plus dure ; mais il est à croire, cependant, qu'à force de tomber de fièvre en chaud mal, et en Révolution, l'organisme s'use, la force vitale dépérit, la gangrène sénile les ronge, et finalement ils tombent en pourriture, et deviennent la proie des bêtes fauves ou des barbares qui se partagent leurs dépouilles.

CHAPITRE XII.

28 février 1848........ Il y a vraiment des époques si troublées, si confuses, qu'on ne peut se les rappeler que comme un horrible cauchemar!! Il semble que la terre s'entr'ouvre sous vos pieds, que des feux souterrains font jaillir des torrents de boue et de lave incandescente. — Des clameurs dans l'air, on dispute dans les échoppes, dans les cabarets, dans les salons ; un peuple innombrable s'attroupe dans les rues ; la place de Grève est devenue le Forum du populaire : on présente l'ignoble drapeau rouge à notre grand poëte qui, peut-être alors, se repent amèrement d'avoir lancé son *alea jacta est.* Le sort en est jeté ; car il y a de ces moments critiques où le sort des nations peut être joué à pile ou face. Notre Lamartine verse des torrents d'éloquence, il est l'idole du peuple et bientôt il tombera dans l'oubli et mourra de douleurs.

Au Luxembourg, c'est M. Louis Blanc qui endoctrine les ouvriers et pérore sur l'égalité des salaires et le droit au travail.

Des clubs s'improvisent partout, et sur un boulevard, il y en a un où des femmes piaillent à l'envi, pour réclamer en faveur du sexe opprimé,

De Bruxelles, nous arrive le programme promulgué par l'Internationale : « Le Capital est tout et le Travail n'est rien. C'est le travail qui doit être tout et le capital rien. — Au mineur la mine, la terre à celui qui l'arrose de ses sueurs. » Et il se trouve beaucoup de gens simples pour se figurer que République signifie qu'on peut se croiser les bras et ne pas payer son terme de loyer ou son fermage. Le travail est arrêté, les ateliers chôment, les gens riches émigrent, les hôtels se vendent à vil prix, la rente est à 50 p. 100, la misère est générale. Alors vient le triste remède des ateliers nationaux, et une tourbe immense de malheureux est employée à des travaux dérisoires ; c'est-à-dire à jouer au bouchon, en chantant :

> Nourris par la patrie,
> C'est le sort le plus doux, le plus digne d'envie.

Ce train ne pouvait durer longtemps, et M. de Falloux avait dit à la tribune : « *Il faut en finir....* » Et, en effet, on en finit, mais peut-être d'une manière un peu brutale, car ce peuple de travailleurs y répondit par la plus formidable émeute que nous ayons eue dans cette malheureuse France qui en a tant vu ; qu'il suffise de dire que l'armée y perdit six généraux et un septième lâchement assassiné à la barrière d'Italie. Le brave général Cavaignac avait sauvé la situation ; mais après, viennent les proscriptions par voies de commissions militaires, fâcheux précédent qui ne sera que trop imité depuis.

Il arriva, chose singulière, que le président d'une de ces commissions, capitaine sorti de l'école d'État-major, fut reconnu par plusieurs des malheureux traînés à sa barre pour avoir été leur guide et leur instructeur de barricades dans le faubourg Saint-Antoine.

Cet officier en revenant à son poste avait allégué qu'il avait été empêché par les émeutiers de s'y rendre plus tôt : il fut traduit en conseil de guerre, qui, du reste, le traita avec beaucoup d'indulgence.

CHAPITRE XIII.

Ledru-Rollin, père du suffrage universel.

Mais l'Assemblée législative poursuivait péniblement sa tâche.

Un des grands hommes de l'époque, si célèbre par le saut qu'il fit par la fenêtre de la salle des Arts et Métiers, avait trouvé plaisant de faire niche à la royauté, qui mal conseillée avait refusé d'admettre 25 ou 30 mille électeurs de plus, pris parmi ce qu'on appelait les *capacités*, et de dire : « Nous, plus grand que l'immortelle Convention elle-même, qui avait classé des Français en *citoyens actifs et inactifs*, c'est-à-dire avait fait la plus cruelle injure au peuple souverain, nous lui restituons ses droits et lui proclamons le *Suffrage universel!!* »

Mais la pauvre Assemblée qui en était fort empêtrée chercha à bistourner, à châtrer le

Monstrum horrendum, informe ingens,
Cui lumen ademptum.....

CHAPITRE XIV.

2 décembre 1851, coup d'état.

Nous voici au 2 décembre 1851 !!!....

Dies iræ, Dies illa !!!!!!

Au coin de chaque rue, on peut lire ces mots : « *Le Suf-frage universel est rétabli....* »

Le peuple effaré se groupe autour de ces affiches, mais en définitive il est assez calme, bien que, par instants, il sent aussi qu'il peut bien y avoir quelques horions pour lui, dans l'air. Le général Canrobert court chez le général Marbeau, aide-de-camp de Louis-Philippe, son protecteur, et il s'écrie en fureur : « *Les misérables !...* (et un déluge d'épithètes que je passe), *rappelez vos princes, pour moi, je brise mon épée.* »

Le général Marbeau calma cette noble colère, et quelques jours après, le général Canrobert, massé avec sa brigade autour de la Madeleine, était sermoné par une dame russe tellement éloquente que *si causa diis victrix placuit*, elle plut aussi à M. le général Canrobert.

Du reste, on sait parfaitement comment le guet-apens fut organisé : le colonel Espinasse allant endormir le bon gé-néral Le Flô, questeur, qui eut la bonhomie de lui montrer comment il se croyait à l'abri de toute surprise, moyennant des sonnettes habilement disposées, et au besoin même, par une porte de derrière par laquelle il pourrait s'échapper et donner l'alarme.

Mais les sonnettes étaient coupées et la porte de secours bien gardée ; de sorte qu'il fut pris, avec son collègue M. Baze, comme dans une souricière.

Quant à l'illustre M. Dupin, président de la Chambre, on avait en lui une telle confiance, on le savait si bien prêt à subir héroïquement tout événement, qu'on ne se donna pas même la peine de l'arrêter.

Le prince Louis-Napoléon avait été vu, au milieu de son état-major, sur le quai d'Orsay, criant d'une voix mal assurée : Vive la République. — Mais il fallait que le coup d'État, qui n'était pas légal du tout, s'affirmât, et pour ce, il fallait qu'il frappât un grand coup et reçût le baptême du feu.

On était à l'Élysée dans une étrange perplexité, et on prétend que les fourgons de voyage étaient tout prêts ; et s'il on en croit l'historien anglais du 2 décembre, M. Kinburn, le général Fleury mit en quelque sorte le pistolet sur la gorge du prince hésitant, qui donna enfin le signal.

Quelques coups de feu partirent, dit-on, du grand Café, charges de cavalerie, enfin la fusillade s'étend sur les boulevards.

Du reste, il y eut beaucoup de victimes, mais la résistance fut à peu près nulle ; par ci, par là, le lendemain, il y avait encore quelques barricades, et il a fallu à M. Victo Hugo toute la puissance de son génie poétique pour en créer un si grand nombre ; une activité miraculeuse pour se trouver presque en même temps à chacune d'elles, du haut desquelles il fait débiter de longs discours à la manière des héros d'Homère.

Pour nous, nous avons bien vu quelques barricades dans notre vie, mais nous n'en avons jamais trouvées qui fussent converties en tribunes aux harangues. Nous avons eu lieu souvent de regretter de n'avoir pas vu plus de champs de bataille, et de n'avoir été que des héros obscurs de la guerre des rues, c'est-à-dire *la guerre des pots de chambre,* ce qui n'a rien d'homérique.

CHAPITRE XV.

Révolution de 1789, considérée comme un fait, résultat fatal de la force des choses.... Le grand Roi à Compiègne.

C'était donc encore une Révolution !!! La pauvre petite République âgée de trois ans et demi n'était plus ; pour la renverser il avait suffit d'un prince déclassé, connu par deux échauffourées ridicules qu'on avait bien voulu lui pardonner.

Il avait trouvé quelques fonds auprès de ces banquiers qui prêtent à la *grosse aventure ;* oui, il était accompagné de quelques dettiers qui lui étaient dévoués et qui étaient curieux d'échapper, si possible, à Sainte-Pélagie. Outre cela, il comptait sur cette badauderie française serinée par la l'gende sophistiquée du petit Thiers, qu'on appela plus tard, peut-être par dérision, l'*historien national*, et le tout avec accompagnement des flons-flons du faubourien Béranger.

Il faut dire aussi que cette pauvre République avait une bien vilaine mère qui en bonne conscience ne pouvait donner le jour à des filles viables, et qui, ainsi que le disait le facond Vergniaud de la Révolution, « comme Saturne devait dévorer ses propres enfants. »

Reconnaissons-le : si jamais il y eut un fait réclamé au saint nom de l'humanité, commandé par la nécessité, un fait, résultat fatal de la force des choses, ce fut certes la Révolution de 1789.

Et en effet quand ce ne serait que l'atrocité des supplices.... Nous avons vu à Loches la cage de fer, où le cardinal La Balue fut enfermé pendant onze ans, et où il ne pouvait ni se tenir debout ni s'étendre ; puis ce sont les enfants du comte d'Armagnac placés sous l'échafaud de leur père. Plus tard, sous le Restaurateur des Lettres, nous avons encore la place qui porte le nom de l'Estrapade : le patient était attaché à un poteau qui basculait et était trempé dans le foyer, puis en était retiré : en un mot un raffinement ajouté à l'infâme Inquisition. Le plaisir pouvait durer longtemps ; les dames de la cour avaient apporté des flacons d'odeur pour chasser celle de la chair brûlée. Pendant ce temps le galant François Ier composait un madrigal. — Bien plus tard il y a le supplice de Damiens qui fut raffiné.

Dans ce temps le juge avait le droit d'ajouter aux exaspérations de la mort, et les deux honorables conseillers au Parlement qui avaient réglé l'ordre et la marche du supplice, reçurent chacun une pension de 2,000 écus.

On avait fait couler du plomb fondu dans les plaies pratiquées sur le corps du patient ; il fut ensuite tiré à quatre chevaux. Un courtisan avait, dit-on, brigué l'honneur de fournir les siens pour cet office. La question ordinaire et extraordinaire, c'était, comme dit l'honorable M. Muyard de Vouglans, « simplement quatre coins ou huit coins ». Seulement on oublie de dire qu'au cinquième coin les os des jambes se fendillaient. Quant à la question par l'eau, c'était quatre pintes ou huit pintes — *le patient étant bandé aussi fort que se pourrait, la tête renversée.*

4

On avait remarqué que les malheureux qui devaient être soumis à la torture se rendaient moins sensibles au mal, en mâchant du savon ; aussi trouve-t-on dans les *olim* du Parlement qu'il y remédia : il fut décidé qu'on donnerait avant l'opération, au patient, une mesure de vin généreux, roquille de Paris.

Enfin on écartelait, on rouait, on rompait vif.

Et cependant il paraît que nos aïeux étaient assez familiarisés avec ces genres de spectacles, pour qu'on en fît un sujet de plaisanterie, car on lit dans les *Plaideurs* : « Voir donner la question, cela fait toujours passer une heure ou deux .» Et le président Des Brosses, qui avait assez d'esprit pour tenir tête à Voltaire dans une affaire d'intérêt, écrivait, le galant robin : « Belle dame, j'en ai bien fait mettre à la torture qui ne le méritaient pas autant que vous. »

Mais laissons cette matière, cela fait lever le cœur. Tournons-nous vers le pompeux Louis XIV. Au camp de Compiègne, il traîne dans son *coche* ses trois reines ; la pauvre Marie-Thérèse la légitime, l'infortunée La Vallière qui va bientôt être délaissée, et l'altière Montespan en survivance. Nous allons donner ici une pièce de vers au sujet de la dernière épouse morganatique du grand roi, la dame veuve Scarron, plus tard dame de Maintenon à qui l'on fait dire......

Que l'éternel est grand, que sa main est puissante !
Il a comblé de biens mes pénibles travaux....
Je naquis demoiselle et je devins servante,
Je lavais la vaisselle et souffris mille maux.
Je fis bien des amants, et ne fus pas ingrate ;
Je me livrais souvent à leurs premiers transports.
Enfin j'épousais le fameux cul-de-jatte.
Qui vécut de ses vers, comme moi de mon corps ;

Un beau jour il mourut, et vieille devenue,
La troupe des amants me laissait toute nue.
Lorsqu'un héros me crut propre encore aux plaisirs ;
Il me parla d'amour, je fis la Madeleine,
Je lui montrai le diable au fort de ses désirs.
Il en eut peur, le lâche, et je me trouve reine ! !

Nous avons colligé cette curieuse pièce à la Bibliothèque, elle est généralement attribuée à la duchesse de Bourbon, mais, des commentateurs prétendent qu'elle est l'œuvre de la rude princesse Palatine qui dans ses mémoires, lorsqu'elle parle de Madame de Maintenon, ne l'appelle jamais que la vieille p..... —

Le grand roi, qui, comme le dit Saint-Simon, *abusa le plus de la platitude française*, s'étale sur la scène comme un histrion et se dit à lui-même :

Il n'est rien de si grand dans toute la nature,
Selon l'âme et le cœur au point où je me vois ;
De la terre et de moi qui prendra la mesure,
Trouvera que la terre est moins grande que moi (1).

Et la tendre Deshoulières lui adresse ces vers :

Contre ta modestie on ose murmurer,
Oui, si ta piété n'y mettait des obstacles,
Tes jours fertiles en miracles
Nous forceraient à t'adorer....

Et sans vouloir faire un bien mauvais jeu de mots, le grand roi, qui osa légitimer ses bâtards, contribua puissamment à l'abâtardissement de la nation.

(1) — Paroles que le poëte Bensarade lui met dans la bouche, dans un ballet intitulé *l'Impatience* (1661).

CHAPITRE XVI.

Mais il n'est plus question du Parlement que le jeune Louis XIV, botté, éperonné, la cravache à la main vient morigéner ; c'est la nation tout entière qui se lève aux États-Généraux. — Nous sommes en 1789, au serment du Jeu de Paume, et la France pleine d'espérance voit surgir de la *Constituante*, un Mirabeau qui, s'il eût vécu, l'eût peut-être sauvée et lui eût épargné le crime du 21 janvier 1793.

A côté de lui des hommes comme Tronchet, Portalis, Talhouët, Barnave, Maury, Cazalès, Duport, Lameth, etc., etc., qui consacrent la liberté des cultes et la liberté de la presse et abolissent les derniers vestiges de la féodalité.

Puis la Législative qui dans sa courte existence d'un an ne vote que des lois de haine, et décrète l'abolition de la royauté.

Et de chute en chute, nous tombons jusqu'à ce Robespierre, dont notre Lamartine a dit : « *qu'il n'était qu'un Jean-Jacques Rousseau enragé* ». Et encore lui faisait-il trop d'honneur, car si Jean-Jacques Rousseau, esprit dévoyé, sema tant d'idées fausses dans les pauvres cervelles fran-

çaises avec son *Contrat social* aussi impraticable que
ses constitutions pour la Pologne et la Corse, — c'était
après tout un homme d'un puissant talent; tandis que
Robespierre ne fut jamais qu'un ignoble scélérat, sans
talent, sans éloquence, véritable cuistre, tout bondé de
phrases redondantes. — Et pour s'en convaincre, il suffit
de lire les discours de ce vil Tartuffe colligés par le citoyen
Vermorel...

Mieux encore, tâchez de vous procurer un exemplaire
d'un éloge de Gresset que le drôle faisait en 1785, je crois,
pour l'académie d'Amiens, qui avait mis cet éloge au
concours.

Il se mettait à genoux devant les vertus de Louis XVI,
dont il devait plus tard faire tomber la tête sous le cou-
peret : et ce qu'il y a de plus curieux encore, c'est que
l'auteur du culte à l'Être Suprême, et qui fit une si piteuse
et risible figure à la cérémonie qu'il consacra par sa présence,
complimentait avec componction Gresset d'avoir quitté le
théâtre pour ne songer qu'au salut de son âme.

Sous sa direction, une poignée de forcenés qui s'appelle
le *Salut public* agit sur un troupeau de poltrons, et que
Buzot dans ses mémoires appelle « *les crapauds de la
plaine, toujours moites de terreur.* » Ils font abattre des
têtes pour conserver les leurs : c'est qu'alors on usait de ce
petit dilemme : *la sienne ou la tienne*, et Boissy d'Anglas
disait au boucher Legendre : « *Fais décréter que je suis un
bœuf, et tu pourras m'assommer.* »

Telle fut la Convention, et disons sans ambages et circonlocutions, que la première République ne fut qu'une longue
traînée de sang et de boue.

Madame Roland marchant à l'échafaud passe devant

une statue de la liberté et s'écrie : « *Ah ! que de crimes on a commis en ton nom.* », et sa tête roule dans le panier de Samson, à côté de celles de Danton, de Camille Desmoulins et même de son innocente femme chez laquelle *l'Incorruptible* avait dîné tant de fois.

Barnave lui aussi, que les malheurs de la reine ont attendri, s'achemine sur la même charrette avec d'Epresmesnil un instant l'idole du peuple, et il s'entend crier avec des ricanements ce mot qu'il avait dit, et qu'il regrette amèrement : « *Ce sang qui a coulé était-il donc si pur?* »

On bat monnaie sur la place de la Révolution : à Nantes les noyades et les mariages républicains : à Lyon les mitraillades : à Paris en septembre les massacres des prisonniers : la vertueuse princesse de Lamballe tombe sous les coups des forcenés, sa tête est portée sous les croisées du Temple, le corps de la malheureuse est traîné dans la boue, pollué, et un ignoble sacripant porte ses génitoires en guise de moustaches. — Et ici pourquoi n'oserais-je pas parler des douleurs de ma famille? — Est-ce que les douleurs individuelles ne composent pas la somme des douleurs collectives.

Mon grand-oncle, Mgr de Vienne, évêque *in partibus* de Sareth, suffragant de Lyon depuis longues années en l'absence de Mgr de Montazet exilé, répondait à son frère qui lui écrivait : « l'orage approche » qu'il avait autant de défenseurs qu'il y avait de Lyonnais : mais une troupe de misérables envahit l'archevêché et le malheureux prélat, frappé, déchiré, mourait deux jours après.

A Versailles, mon père, procureur de la commune, faisait avec le conseil municipal tous ses efforts pour préserver les malheureux prisonniers d'Orléans du massacre de la pièce d'eau des Suisses, et il parvint à sauver entre autres M. Semolins. Pendant ce temps un misérable forçait la porte de ma pauvre mère, à peine âgée de dix-sept ans, et lui barbouillait le visage avec de la viande humaine.

A Paris, ma pauvre grand'mère avec sa seconde fille étaient traînées de la Force au Plessis rue Saint-Jacques, où elles arrivèrent presque mourantes, car les dames d'alors, voyant que la charrette ne s'acheminait pas vers la place de la Révolution, avaient criblé de pierres et d'ordures les deux malheureuses prisonnières.

CHAPITRE XVII.

Après les Robespierre, Carrier, Collot-d'Herbois, etc., etc., Raoul
Rigault, Théophile Ferré, Serizier, etc. — M. Maxime du Camp.

J'ai été bercé avec ces récits, et j'avoue que parfois ils
m'ennuyaient fort, et que je me permettais même d'accuser
les honorables auteurs de mes jours de rabâcher tant soit
peu. Est-ce que, me disais-je, pareille chose pourrait jamais
se reproduire, et le peuple français serait-il assez lâche pour
souffrir encore une fois de pareilles horreurs?

Mais pouvais-je me figurer qu'à une soixantaine d'années
d'intervalle nous verrions après les Robespierre, les Marat,
les Collot-d'Herbois, les Carrier, les Coffinal, etc., etc., en
progression véritablement croissante, deux jeunes étudiants,
Raoul Rigault et Théophile Ferré, scélérats précoces, mais
complets; puis le corroyeur Serizier, bourreau des Dominicains; puis Garreau, le tortionnaire raffiné de Mazas; Ranvier,
François, directeur de la Grande Roquette; Genton, président
de la cour martiale séante dans un cabaret et qui cumule,
en commandant le feu, pour l'exécution des otages, et le
splendide Mégy, qui vient d'être expulsé du sol de tous les
États de la libre Amé.ique.

Mais, j'en rends grâce à Dieu, l'exécrable Commune a
trouvé son historien, Monsieur Maxime du Camp, homme

d'autant de cœur que de talents : son œuvre est aussi forte
et aussi belle que la Satire Ménippée. Avec quelle verve et
en même temps avec quelle précision il nous montre ces
patriotes, hurlant : « *Marchons !... Combattons !...* »
mais s'arrêtant dans les cabarets de la banlieue quand il
s'agit d'affronter le Prussien, et ne trouvant du courage que
lorsqu'ils sont embusqués derrière des barricades et tirant
du soupirail des caves ou de la lucarne des mansardes sur
un ennemi qui s'avance à découvert. Puis quelle, sale
débauche, quelle crapuleuse orgie : des mégères échappées
de Saint-Lazare ou revomies de l'hôpital du Midi, chantant
des chansons obscènes, avec accompagnement de hoquets
avinés ; puis elles retroussent leurs sales cotillons et
montrent... ce qui était bien fait pour effrayer.

Mais ce n'est pas tout ; viennent ensuite les supplices
avec les recherches les plus raffinées ; le corps sans vie de
l'archevêque est insulté par des plaisanteries grossières.
Et lorsqu'une soixantaine de gendarmes, sergents de ville
et quelques prêtres, gravissent leur calvaire pour arriver
à cette rue Haxo, dont il faudra changer le nom, car elle
rappelle de trop abominables souvenirs, quelles séries de
tortures pendant cette *via dolorosa !!* Un misérable, habillé en artilleur et d'une force athlétique, montre son
poing tout meurtri, à force d'avoir frappé.

Mais ce n'est pas assez, quinze cents maisons et tous les
bâtiments dont il serait trop long de répéter l'énuméra-
tion faite soigneusement par M. M. du Camp, et formant un
immense brasier !

Puis encore, tous les égouts bondés de poudre, de ma-
tières inflammables pour faire sauter toute la rive
gauche...

Ah ! la France a perdu Strasbourg et Metz, ce n'est qu'un fait de guerre ; mais la Commune lui a imprimé au front un stigmate qui lui sera plus difficile d'effacer que de réparer la perte de ces deux puissantes villes qui en sont les clés.

CHAPITRE XVIII.

Mais pardon de cette digression, et revenons à la République de 1848. — La pauvre petite n'a vécu que quatre ans à peine, et encore a-t-elle sucé un mauvais lait dans les crèches des ateliers nationaux : Ce qu'il y a de sûr, c'est qu'aussitôt qu'on a cherché à la sevrer, elle a été prise par le croup qui l'a étouffée.

Un jour, M. Barthe, ancien garde des sceaux, me disait : « Ceux qui prétendent que la République de 1848 a été cruelle et voleuse, disent une sottise..... Elle a été bête et honnête. » Je le veux bien, mais l'innocente nous a inoculé un virus délétère, mortel à bref délai, car pour vivre avec le suffrage universel, il faut un gouvernement dans le genre de celui de Napoléon III, c'est-à-dire le despotisme pur ; — pas de procès de presse, — pas n'était besoin, car les malheureux imprimeurs et éditeurs tremblaient sans cesse qu'on leur retirât leur brevet *administrativement*. Aussi, voyez combien ce suffrage universel a été docile et accommodant, il ne s'était permis que cinq et plus tard neuf députés de l'opposition.

A en croire M. Victor Hugo, le Deux-Décembre aurait été un coup de foudre étonnant et surprenant tout le monde : mais, en vérité, dans ces vastes cerveaux des poëtes il se produit parfois des phénomènes étranges, les objets ne se présentent à eux qu'à travers un verre grossissant, avec des proportions fantastiques et gigantesques, ils prennent des couleurs chatoyantes et prismatiques, ce ne sont que mirages et trompes-l'œil.

Lorsque le tout est en vers, passe encore, la poésie avec la cadence et la rime est une musique qui nous berce et parfois nous nous prenons à admirer sans trop savoir pourquoi. Le latin brave l'honnêteté, et on peut dire que parfois la poésie brave le sens commun ; mais en-prose, ce n'est plus cela, tout ce verbiage détourne et fait long feu.

Ce qu'il y a de certain, c'est que le guet-apens était, comme on dit, dans l'air, tout le monde le prévoyait et beaucoup l'espéraient, lassés de la République. N'avait-on pas crié : Vive l'Empereur ! à Satory ; quelques semaines plus tard, des faiseurs avaient inventé une fête dans la cour de l'École militaire, et sans nous consulter, on nous fit contribuer d'une journée de solde. La fête fut fort brillante, des milliers de bougies inondaient nos uniformes qui étaient diaprés, chamarrés de gouttes de suif stéariné.

Le commandant du Gymnase, le 12 juillet 1848, avait été nommé chef d'escadron par la force de son droit d'ancienneté (et certes il n'avait pas volé son grade, puisqu'il était entré le 5 février 1828 dans le 4e régiment de la garde avec rang de capitaine).

Le lendemain de la fête de l'École militaire, il se fit rendre compte par ses sous-officiers de ce qui s'était passé à un petit festival qu'on leur avait donné avec les reliefs

du souper; on avait beâucoup crié : Vive l'Empereur!.....
— *Et vous?* leur demanda-t-il. — *Ma foi, nous avons fait
comme les autres.* — Ce qui ne l'étonna pas de cette gent
moutonnière... *servum pecus.*

Dès novembre, le dit commandant avait reçu l'ordre en
cas de troubles de porter toute son infanterie sur les boulevards, qui serait mise sous les ordres de...., et de rester
de sa personne dans sa caserne avec le reste de la troupe.
Il répondit que « ses hommes n'étaient pas en état de tenir
sur un boulevard, vu qu'il n'avait jamais pu obtenir qu'on
lui permît de les mener à la cible, et qu'il n'avait pu que
les faire tirer à la chandelle avec un énorme paquet de
capsules dont on lui avait fait cadeau à la place. — 2° Que
lui enlever le commandement de ces jeunes gens qui s'é-
taient très-bien conduits en 1848, c'était lui ôter toute
force morale; que le condamner à rester coi avec sa cavalerie, c'est-à-dire le *caput mortuum*, c'était l'exposer à voir
les émeutiers s'emparer de sa caserne, chanter victoire et
piller les instruments de cuivre qui avaient bien quelque
valeur; or, dans le métier militaire, du ridicule au dés-
honneur, il n'y a souvent qu'un pas.

« Du reste, ajoutait-il, *pour la besogne que vous allez
sans doute faire....,* il n'insistait pas. »

CHAPITRE XIX.

Nuit du coup d'Etat : Mgr Sibour entonne le *Te Deum*.

Dans la journée du 2 décembre, le commandant eut besoin d'aller à la place vers les cinq heures et il fut fort étonné d'y trouver rangés des plantons de tous les régiments de la garnison, infanterie, cavalerie, etc., etc., qui partaient dans toutes les directions, aussitôt qu'ils avaient reçu un pli. Il se présenta pour parler au chef d'état-major; on lui répondit qu'il ne pouvait le recevoir ou qu'il était très-occupé; et pourquoi donc tout ce tracas ? — à propos de l'élection du chocolatier Devincq. — Tout cela lui parut fort louche, et il s'achemina vers la Chambre, pour aviser de ce qui se passait, soit à son ami le Député, soit au général Le Flô ou au général Cavaignac.

Une grande foule s'agitait aux portes du palais, et il avait avec lui un ami tendre et fidèle, — pardonnez ce détail infime, — il avait son chien..... Et, comme il arrive souvent, on se paie d'une mauvaise raison quand on est dans l'embarras, il passa outre en se disant : « Il faudrait qu'ils fussent bien négligents ou bien maladroits pour ne pas savoir ce qui se passe à deux pas d'eux sur la place Vendôme. »

Et cependant à quoi tiennent souvent les destins d'un grand empire !!!

Alcibiade faisait couper la queue de son chien et Athènes était en révolution.....

Si le commandant du Gymnase musical militaire eût laissé le sien au logis, il est fort possible que les choses eussent tourné autrement et que le prince Louis-Napoléon eût repris le chemin de Ham, s'il n'eût été même moins loin, — dans la plaine de Grenelle.

Ce pauvre prince, s'il n'eût eu la toquade incrustée dans son cerveau de vouloir à toute force être empereur et couronner son auguste tête de lauriers, avait du bon, ne manquait pas d'esprit, quand, par exemple, à son oncle Jérôme qui lui disait : « *Vous n'avez rien des Bonapartes* », il répondait : « *J'ai sa famille.* »

Le fait est qu'il était aimé de tous ceux qui le voyaient de près. J'avais un excellent camarade, le fils de mon meilleur ami, à côté duquel je siégeais au Conseil d'État, et à qui j'ai dû bien des consolations dans les instants les plus tristes de ma vie. Quant à mon jeune camarade, il me laissa loin derrière, car il arriva au sommet de l'échelle militaire. Il me parlait souvent de l'Empereur qu'il aimait, et il me racontait un voyage qu'il fit avec son souverain et qui, véritable bourreau d'argent, ne pouvait refuser aucune grâce à tous ces quémandeurs, malgré les efforts qu'on faisait pour les éloigner de lui. Car, en vérité, si en Espagne et en Italie on mendie sur les grandes routes, l'escopette au poing, il faut avouer que le peuple français passe sa vie à mendier dans les antichambres.

C'est toi, mon pauvre et ancien camarade, modèle de bravoure et de loyauté, qui as dû souffrir, en faisant la triste épreuve de ce que produit un gouvernement despotique : car il arrive qu'on peut être cruellement trompé par de misérables sous-ordres et trouver les arsenaux vides et tout en désordre.

Mais je me suis laissé aller à des souvenirs.... Dans cette nuit du 2 décembre 1851 le commandant fut réveillé en sursaut vers cinq heures par un sous-officier qui l'avertit de ce qui se passait ; il courut tout aussitôt chez un ami d'enfance, son voisin qui était député, et qui en apprenant la nouvelle s'écria : « *Et le budget qui n'est pas voté !* » — *N'ayez pas peur, il en votera plus que vous ne le voudrez.* »

Cet homme si loyal, si sympathique et à qui il doit une reconnaissance éternelle, pour la piété, je dirais presque filiale, qu'il montra pour la vénérable mère de son ami, était d'une nature si droite qu'il ne pouvait concevoir que le prince osât manquer à sa parole, et qu'il lui disait quelques jours auparavant : « *Mais il vient encore de prêter serment à la République !....* — Ah ! cher ami, vous savez bien en effet que ces serments-là, on ne les donne pas, on les prête, quitte à les reprendre, et croyez-vous qu'il irait remonter un 4ᵉ étage comme Cavaignac...... » Mais enfin le crime était consommé, et les cloches sonnaient à toutes volées, et Mgr Sibour entonnait dans Notre-Dame le *Te Deum laudamus.....* — Profanation !!

CHAPITRE XX.

Avènement du second Empire...

Ne croirait-on pas entendre un conte des Mille et une
nuits ! Je défie les faiseurs de feuilletons, artistes émérites
en laid, je défie l'auteur de *Thérèse Raquin*, dont le dégoût
m'a fait tomber le livre des mains, d'inventer des scènes
aussi invraisemblables, aussi terribles et parfois aussi bur-
lesques que celles dont notre pauvre France a été témoin
depuis, tout à l'heure, cent ans.

Quoi, deux ou trois années auparavant j'étais à Boulogne-
sur-Mer et on me montrait la chambre où le prince Loui-
avait été enfermé ; sur les quais on me menait voir une
cage dans laquelle était un aigle qui devait jouer un grand rôle
dans la mise en scène, et il se serait abattu amorcé par un
morceau de viande, habilement ménagé dans le tricorne
légendaire, sur la tête du prince, comme un augure fatidique : et on riait aux éclats. Ce qui était moins gai, c'est
que le prétendant avait tiré un coup de pistolet sur un
capitaine et avait tué un pauvre soldat ; — mais c'est un
pur détail.

Puis quelques années après j'étais à la Cour des Pairs,

et je voyais un petit Monsieur en gants jaunes beurre frais, l'œil terne, et, disons le mot, ne payant pas de mine. — Il était assis dans l'hémicycle, derrière le Président de la Cour ; à ses côtés était M. de Persigny à qui M. le Président Pasquier disait : « *Dites donc Fialin,* » car M. Fialin n'était pas encore duc de Persigny. Un peu plus loin, je voyais mon bon camarade le Duff de Mésonnan, il était aide de camp de M. le général Préval, le même qui en **1828** me lâcha si bien, à propos de la brochure que je perpétrai sur le corps d'État-Major, qu'il m'avait commandé et qui me coûtait si cher. Or, mon pauvre Mésonnan était chargé d'un assez long travail, et il espérait bien conquérir une petite épaulette de lieutenant-colonel ; mais, la besogne faite, M. le général lui remit sa mise à la retraite, datée depuis quelque temps auparavant. Je ne sais pas si c'est cette désillusion qui aura jeté mon brave Mésonnan dans les conspirateurs de Boulogne.

La salle de la Cour était comble, et on me fit remarquer madame George Sand qui avait pris l'horrible costume dont le vilain sexe s'affuble. Mais ce que je puis affirmer, c'est qu'à la porte du palais, il n'y avait pas plus de deux douzaines de curieux, pour connaître le résultat de la séance ; tant on était sûr, après le dénouement de l'échauffourée de Strasbourg, que le prince en serait quitte pour être mis à l'ombre pour réfléchir pendant quelques mois, soigné, chauffé et nourri aux frais de l'État.

C'est cependant le même qui allait être notre Empereur !

Après cela il faut dire qu'en vérité ceux qu'on appelait alors les Burgraves, sauvegardaient bien mal la pauvre République. A tout seigneur, tout honneur ; — le premier,

M. Thiers; pour lui, Empire, Royauté, République, tout est indifférent; il n'a jamais eu d'autre culte et d'autre Dieu que lui-même.

En février 1848, il avait été nommé ministre de l'Intérieur, mais on ne sut même pas ce qu'il devint pendant la tourmente; il est vrai qu'il avait pris en horreur le bon roi Louis-Philippe qui l'avait comblé de biens, et je rapporterai ici une petite anecdote.

J'étais côte à côte au Conseil d'État avec un collègue M. Guilhelm qui, camarade d'études du jeune duc d'Orléans, était fort bien avec lui. Par l'entremise de ce prince, il avait obtenu la nomination de son frère à un poste de receveur général, et ce dernier se trouvait chez M. Dosne, qui se croyait sûr d'obtenir la même recette. M. Thiers rentrait de fort méchante humeur, car il venait d'apprendre que le roi avait nommé président du conseil des ministres son ennemi intime M. Guizot. — Et tout aussitôt de sa voix pincharde il dit : « *N'y comptez pas, n'y comptez pas, cette recette est promise.* »

Cependant, reprit le frère de mon collègue, *voici ma nomination signée par le roi.* — Alors le petit homme exaspéré de s'écrier :

C'est bien, nous lui écraserons sa couronne sur la tête !!!

Le même, au 18 mars 1871 laissait Paris dans l'embarras, sans chercher à tenir tête, soit aux Invalides, soit à l'École militaire, avec quelques hommes dévoués, il s'enfuyait à Versailles. Ah ! c'est qu'alors il se croyait maître de la situation, et il souriait à l'espoir d'être nommé le Sauveur et le Libérateur de la France. — Et par parenthèse, on sait à quel prix ; et combien il se fit de partisans avec les *souscriptions irréductibles.*

En effet, rien de plus simple ; les fidèles, qui avaient l'avantage de l'approcher, n'avaient pas même besoin de déposer leur argent : l'emprunt faisait prime, et il touchait la différence.

Dans mon for intérieur, je suis persuadé que le petit homme a plus d'une fois rêvé d'être Empereur — et pourquoi pas ? — Si Napoléon Ier a gagné des victoires, lui les a décrites.

Ne connaissait-il pas ces méchants vers d'un de nos anciens camarades d'État-Major que je ne nommerai pas parce qu'il vit encore, et qui fait dire au grand homme :

> Je ne vécus longtemps que d'emprunts et d'aumône ;
> Je courtisai Barras, j'épousai sa catin ;
> J'étranglai Pichegru, j'assassinai d'Enghien,
> Et ce fut ainsi que je parvins jusqu'au trône.

Arrivé de si loin, pourquoi n'eût-il pas monté aussi haut ? Cependant l'exiguité de sa taille devait le gêner, bien qu'elle lui eût servi à éviter, dans le temps, la terrible conscription : notre Tyrtée moderne, Béranger, a soin de nous apprendre dans ses mémoires *qu'il avait bien souvent salué messieurs les gendarmes, et c'était grâce à sa précoce calvitie qu'il avait pu lui échapper ;* sans quoi il aurait peut-être eu le sort de Kœrner, qui chanta et mourut en combattant.

Grâce à ma médaille du Conseil d'État, je fus un jour témoin, à la Chambre, d'une boutade que le petit homme s'attira de la part de notre Lamartine : « *Vous*, lui dit-il, *vous n'avez qu'une passion, mais elle vous dévore ; c'est la passion du pouvoir, du pouvoir à vous tout seul, envers et contre tous, et tout pour vous n'est pas encore assez.* »

Par respect pour la mémoire de l'historien national, nous passerons ces *Juvenilia ;* à quoi bon redire la scène de Grandvaux.

Il était alors ministre, et au lointain dans le parc, le populaire l'acclamait, alors il trouva plaisant de se présenter à un balcon entre deux flambeaux, au bon peuple, et de lui montrer ce qui n'était guère moins laid que sa figure, car il n'était pas beau.

M. Thiers était parfois jovial, et mon ami Chatelain, rédacteur en chef du *Courrier français*, que j'ai été voir plus d'une fois à Sainte-Pélagie, homme franc et loyal s'il en fut, me racontait qu'il lui avait plus d'une fois entendu dire *inter pocula :* « La science de la vie consiste à faire fortune et à ne pas se faire pendre. » Mais enfin, il est aujourd'hui passé grand homme, apothéosé, on lui élève force statues, et dans quelques années, lorsqu'enfin l'histoire du premier Empire se fera, les vingt volumes de l'historien national iront dormir à côté de ceux de M. de Norvins et de *Victoires* et *Conquêtes*.

CHAPITRE XXI

Général Changarnier.

De **M.** Thiers au général Changarnier, la transition est brusque, et la question délicate à traiter ; car si le premier n'a jamais servi que lui-même, le second a rendu de véritables services au pays, il faut bien le reconnaître.

M. Changarnier entra au service en **1815**, dans les gardes du corps du Roi, car s'il n'était pas beau, il était du moins grand : cinq pieds, six pouces : c'était la taille requise, et pour être admis dans ce corps privilégié, cela suffisait pourvu qu'on eût des recommandations et qu'on appartînt à une famille *qui vécût noblement,* car on n'avait pas comme M. de Ségur, quelque temps avant la Révolution, exigé des preuves de noblesse ; et tout aussitôt, l'élu arborait l'épaulette de lieutenant.

Pour moi, chétif, il me manquait trois pouces et je fus condamné à payer fort cher l'honneur d'être surnuméraire dans les gardes du corps de Monsieur ; j'eus l'épaulette de sous-lieutenant, et encore me défalqua-t-on deux ans, à cause de mon titre de surnuméraire ; et cependant, je faisais le service tout comme un garde en pied, et ce service était dix fois plus pénible que celui de messieurs les gardes du roi.

Aussi n'ai-je pas des souvenirs fort agréables de ce rude

apprentissage subi pendant des années de ma jeunesse encore imberbe.

Cependant, il en est un qui me poursuit ; je faisais la
faction d'une heure à trois de la nuit dans un corridor du
rez-de-chaussée qui communiquait aux appartements su-
périeurs du château, — lorsque tout à coup, une porte
s'ouvre, une femme à peine vêtue : — Monsieur le garde,
s'écrie-t-elle avec anxiété, n'avez-vous rien entendu ? —
C'était madame la duchesse d'Angoulême !.....

— Non, Madame, lui répondis-je, nous veillons pour
vous.

La pauvre sainte femme avait eu un cauchemar, un
souvenir de sa jeunesse saturée d'horreurs pendant un
long martyre au Temple.

Je fus donc camarade, aux gardes du Corps, avec Monsieur
Changarnier, et en même temps que lui je fis la campagne
d'Espagne en 1823.

Les journaux de l'opposition s'évertuèrent à jeter le
blâme et même la dérision sur cette guerre de 1823, dans
laquelle cependant nous laissâmes un bon tiers de nos compagnies, et qui ne fut pas sans honneur, car elle prouva à
l'Europe entière que la France avait une armée, et que cette
jeune armée par sa discipline, sa constance dans les marches
pénibles et par sa fermeté en face du feu, ne vaudrait pas
moins que ses devancières, les armées du grand empire.

Nous étions si heureux, nous jeunes gens, de faire preuve
de notre courage, en face de ces vieux de la vieille, vrais
foudres de guerre en garnison, et qui, refroidis par l'âge,
n'avaient certes pas autant d'entrain que nous. C'était surtout plus remarquable à mesure qu'ils étaient plus élevés
en grade : et cela se conçoit, ces grades ils les avaient si

bien gagnés dans leur jeunesse, puis, ils connaissaient l'Espagne, ce pays si accidenté et si dangereux que derrière un rocher, derrière un bouquet d'arbres, le fusil d'un *guérillero* peut s'abaisser sur vous, que leur prudence était fort concevable.

Du reste, les duels qui à cette époque étaient si fréquents entre l'ancienne armée et la nouvelle cessèrent tout à coup, après que celle-ci eut reçu le baptême du feu.

Monsieur Changarnier devait être capitaine, il n'avait eu qu'un grade à gagner, tandis que moi, je n'arrivai que le 5 février 1828, à en obtenir le rang au quatrième de la garde ; j'ai dit plus haut comment je l'avais perdu, et ce fut la pierre d'achoppement qui me nuisit pour tout le reste de ma carrière.

Aussi, en 1830, je demandai à cor et à cris de faire partie de l'expédition d'Afrique ; mais Monsieur de Champagny, alors directeur du personnel, répondit à ma vénérable et gracieuse mère qui avait été le solliciter, « qu'on n'avait pas voulu la mort du pécheur, puisqu'on m'avait soigneusement choisi un régiment, dans lequel je me trouvais le plus ancien lieutenant ; ce serait tout au plus si à la fin de la campagne je pourrais rattraper ce grade qui ne pouvait manquer de m'arriver en restant à mon 38e de ligne. »

C'était en 1829, à Neufbrisach, et je me rappelle qu'un jour à table, j'entendis un de mes camarades, qui parlait en termes assez agressifs du général de Bourmon, commandant de l'expédition ; or, son jeune fils Charles était à table au milieu de nous. En ma qualité de chef de calotte, comme on dit en style de caserne, c'est-à-dire de plus ancien lieutenant, je pris la parole : « Et souvent, dis-je, dans notre métier militaire il y a bien des cas où ce qui est difficile, c'est de savoir de quel côté est le devoir ; qu'il fallait laisser à l'histoire le soin de prononcer son verdict, et qu'en tout cas, il était cruel et peu convenable d'attaquer un père devant son jeune fils. »

Une heure après, j'étais tranquillement dans ma chambre, lorsqu'on frappe doucement ; c'était le jeune sous-lieutenant, Charles de Bourmon, qui venait, la rougeur au front, avec effusion, presque les larmes aux yeux, me remercier d'avoir pris la défense de son père. Aimable et charmant jeune homme ; c'était un ami qui se donnait à moi..... hélas ! je l'ai perdu de vue, et je serais heureux si ces lignes lui portaient un dernier adieu.

CHAPITRE XXII.

Maleville, colonel au 55e de ligne, sa mort héroïque à Solférino. —
De Morny. — Généraux Letellier-Valazé et Rollin.

Certainement le soldat français est intelligent, doux et facile à conduire, quand on sait le prendre, il a un élan admirable, qu'on appelle la *furia francese;* mais il a les défauts de ses qualités ; très-impressionnable, parfois il se décourage et tombe dans d'étranges défaillances.

Ainsi, après la bataille de Wagram, une panique mit en péril tout un corps d'armée, et Napoléon Ier lança un ordre du jour foudroyant.

Tout récemment n'a-t-on pas vu, après la bataille de Solférino, une panique se propager dans tous les rangs parce que quelques fourrageurs du corps du général Morris revenaient au grand galop. Une partie de l'armée se débande, les conducteurs coupent les traits des chevaux qui charriaient les blessés : la ville de Peschiera réarborait le drapeau autrichien ; et certes, si l'ennemi avait eu vent de ce qui se passait chez nous et opéré un retour offensif, c'en était fait de l'armée française.

Et cependant dans cette journée que de prodiges de valeur ; nous nous contenterons de citer la mort héroïque du colonel du 55e, Charles de Maleville.

Il avait reçu l'ordre de tenir ferme quoi qu'il en coûtât, pour empêcher un mouvement tournant des Autrichiens.

La troupe était décimée, autour de lui officiers et soldats tombaient; il envoie demander du renfort, des cartouches qui lui manquaient : on lui répond qu'il n'y en a pas et qu'il charge à la baïonnette. L'ennemi avançait lentement, mais gagnait du terrain..... la troupe hésitait.... Maleville jette le tronçon de son sabre, brisé par une balle, saisit le drapeau d'une main, montrant l'ennemi de l'autre il s'écrie : « *55ᵉ en avant, sauvons notre drapeau.* »

Il tomba percé de trois balles à la cuisse.....

Deux officiers et un grenadier se précipitent et sont frappés à mort.

Maleville relevé mourant est transporté à Médole : il a cependant encore la force de faire écrire quelques mots, annonçant sa blessure et demandant qu'on lui envoie son filleul, mon fils Charles, qui partait le soir même ; mais hélas ! il était trop tard.

Maleville m'était bien cher, des évènements douloureux nous avaient séparés, mais je vois encore souvent dans mes rêves sa belle et noble tête, qui rappelle celles des jeunes religieux des Camaldules, dont le couvent plane sur la ville de Naples.

Le héros quand il tomba avait à peine quarante-deux ans.

A la funeste journée du 24 février 1848, alors que la noble duchesse d'Orléans était venue confier ses enfants et sa personne aux élus du peuple et que la populace mal contenue par mon ancien camarade, le général Bedeau, faisait irruption dans la salle, Maleville, alors officier d'ordonnance du roi, tenait dans ses bras un des enfants de l'héroïque martyre (1).

---

(1) N. B. — Le Charles de Maleville tombé héroïquement à Solférino, est si peu le frère de M. Léon de Maleville, que celui-ci faisait

Mais revenons en arrière, 1836 : l'armée venait de recevoir un échec devant Constantine et battait en retraite fort démoralisée et M. Changarnier, chef de bataillon de je ne sais quel régiment, commandait l'arrière-garde. Il était fort ignoré la veille, car je l'ai entendu plus tard, lorsqu'il était à son apogée, raconter que son colonel pendant une dizaine d'années lui avait donné cette note : « *incapable d'être officier supérieur* », ce qui prouve que ledit colonel n'avait pas la vue longue, car, certes, il mena, au dire de tous, parfaitement son affaire et rendit un grand service à l'armée.

La cavalerie arabe venait le harceler ; le commandant payant de sa personne la tint en échec, puis se repliait en bon ordre : le reste de la colonne, se sentant vigoureusement soutenu, reprit courage et nos pauvres troupiers retrouvèrent leurs jambes. Puis il ramassa les traînards et entr'autres un jeune lieutenant d'état-major, qui, démonté, harassé, serait tombé dans les mains de l'ennemi si le commandant ne l'eût réconforté.

Or, ce petit lieutenant n'était rien moins que M. de Morny, plus tard duc de Morny, c'est-à-dire un des plus brillants et des plus coûteux fleurons de la couronne impériale.

M. de Morny fut certes de, tous les parvenus de l'Empire, celui qui sut se faire pardonner, par son tact et son aménité, une élévation due en grande partie à la tendre confraternité qui l'unissait au futur empereur. Il tenait de sa mère la grâce et de son père l'esprit. Ce fut lui qui

imprimer ces mots : « J'ai l'honneur d'informer le public que je n'ai rien de commun avec M. C. de M. récemment nommé officier d'ordonnance du roi, si ce n'est le nom. » (Nous signalons cette bévue à M. Vapereau.)

mena gaillardement l'affaire du 2 décembre et il fut bien brillant pendant que le préfet de police, M. de Maupas, était si terne : et puis il dut avoir éprouvé une véritable jouissance, lorsque quelques jours plus tard, le gros Boulay de la Meurthe, vice-président de la République, venait piteusement lui demander à quelle place il devait se mettre, lorsqu'on chanterait le fameux *Te Deum*, en réjouissance d'une besogne si bien faite. Et M. Changarnier ne se doutait pas que quelques années plus tard, le même petit officier l'enfermerait à Mazas et quelques jours après lui enverrait son intime chef de cabinet Lehon pour l'embarquer à destination de l'étranger.

Cette retraite de Constantine devint célèbre comme celle des Dix-Mille. Pour le commandant ce fut une éclosion instantanée; pour lui, les portes du temple de la gloire s'ouvrirent à deux battants; c'est comme cela que les choses se passent en France, on n'y fait rien à demi. Les grands hommes y poussent comme des champignons, il est vrai qu'ils ne vivent comme les roses que l'espace d'un matin et que le lendemain ils sont parfaitement oubliés, s'ils ne sont pas l'objet de la risée générale.

Nous ne suivrons pas M. Changarnier dans son ascension; mis souvent à l'ordre du jour de l'armée, il gagna par ses brillants faits d'armes ses grades et les étoiles du généralat.

Il grandit dans l'estime générale et peut-être démesurément dans l'estime de lui-même. Aussi le voyons-nous solliciter le gouvernement républicain d'utiliser son dévouement à la France en invoquant *son habitude de vaincre.*

Il faut bien cependant reconnaître qu'il devait exercer un certain prestige, car pendant les quatre années de la République il fut un personnage, il eut une cour.

Je me rappelle qu'un jour, mon ancien camarade Rolin, devenu son chef d'état-major, me disait avec enthousiasme en me frappant sur l'épaule : « Voyez-vous, mon cher....., quand on a eu l'honneur de servir sous un général Changarnier on ne veut plus avoir d'autres chefs et on rentre son épée dans le fourreau. »

Il avait en outre, pour aide-de-camp, un de mes camarades à la première division, le jeune Letellier-Valazé, libéral très-avancé qui n'en sollicitait pas moins ardemment d'être officier d'ordonnance du roi ou d'un des princes ; il ne manquait pas d'esprit, mais il avait un peu d'exubérance de langue. Il se plaisait à appeler le brave général d'Hautpoul, ministre de la guerre, *poule d'eau*, et à tout venant il allait disant : « Nous tenons le *badinguet*..... nous avons à Vincennes Courtigis, et cric crac nous le mettons dedans. »

Or, le colonel Rolin fut plus tard nommé général de division et aide-major-général du grand-maître du palais des Tuileries, maréchal Vaillant. On m'a assuré que ledit Rolin avait des appointements de soixante mille francs, une table de dix couverts et une voiture.

Ce qui naturellement lui fit oublier le général Changarnier.

Quant au général Courtigis, c'était mon camarade d'école et mon ami, il avait fait des travaux très-remarquables sur les armées prussienne et russe et sur les tribus de Cosaques dans le Caucase, travaux qu'on aurait dû consulter davantage.

Il ne mit pas Badinguet sous clef, mais le lendemain du coup d'État, il mit une étoile de plus à son épaulette. Quant au jeune Letellier-Valazé, il ascenda rapidement, devint plus tard l'homme de guerre favori de M. Thiers et tout récemment l'armée eut le regret de le perdre.

Le général Changarnier est aussi brillant à la tribune qu'il l'était devant l'ennemi ; je me rappelle vaguement sa tirade sur les oripeaux de l'Empire ; puis quand il s'écrie : « pour inaugurer l'ère des Césars on ne trouverait ni un bataillon, ni une compagnie, ni une escouade. » Plùs tard, dans un beau mouvement, il dit : « Représentants de la France, vous pouvez délibérer en paix !... »

Ah ! c'est qu'il ne manquait ni d'esprit, ni de trait, ni de confiance en lui-même ; et c'est une véritable force ; car à quoi bon parler de soi-même avec modestie, on vous prend au mot.

Le général Changarnier a toujours été égal à lui-même, il n'est jamais tombé dans le péché de modestie.

A la fin de 1873, lorsque M. Thiers donne sa démission, croyant bien que la France est perdue, allait se jeter à ses pieds pour le supplier de la reprendre en lui offrant en récompense quelque chose comme le Consulat à vie, un acheminement vers l'Empire, Changarnier, ferme comme un roc, se croit le maître de la situation, et il pense que la France entière va voir en lui son sauveur, et il le croit si bien qu'il disait à son ancien aide-de-camp Valazé : « De-main vous serez mon ministre de la guerre. »

Je suis persuadé, et c'est pour moi une consolation, qu'i a vécu dans ce sublime contentement de lui même et qu'à son lit de mort, il s'est vu entouré de Gloires et de Dominations, qui l'enlevaient dans l'Empyrée, et qu'aux portes des Champs-Elysées il allait trouver Alexandre, César, Frédéric II et Napoléon venant lui tendre la main et lui souhaiter la bienvenue.

CHAPITRE XXIII.

Encore le général Changarnier. -- Naissance de l'impératrice Eugénie.
M. de Montijo, adjudant-général au service de France.

Le soleil lui-même a des taches ; et il faut avouer qu'il y a aussi des ombres dans le tableau que nous venons de tracer du grand homme.

J'avoue que je n'ai jamais beaucoup compris ce qu'il allait faire à Metz, fin de 1870, à l'âge de près de 78 ans, puis sa mission auprès du prince Frédéric.

Aurait-il trempé dans cette conspiration ourdie en Angleterre et aurait-il voulu jouer le rôle de Monck, de compte à demi avec le maréchal Bazaine, son fidèle aide de camp Boyer, et un misérable intrigant du nom de Régnier, lui qui comme César aurait mieux aimé être le premier dans un village que le second à Rome.

La Grande-Bretagne entretenait un agent consulaire du nom de Kirk-Patrick à Malaga, qui en 1823 vendait du vin et des cigares de contrebande à mes camarades du 11e de ligne, régiment dans lequel j'étais lieutenant aide-major. Les consuls anglais sont généralement des marchands et des industriels ; ils n'ont pas l'importance qu'on a donnée à tort ou à raison en France aux malheureux qui font ce rude métier, condamnés qu'ils sont à une expatriation éternelle et à vivre au milieu des populations souvent révoltées et sous l'influence de climats délétères.

Le sieur Kirk-Patrick avait deux filles, il en maria une à un cadet de noble famille du nom de Montijo (ne prononcez pas j, mais k ; très-guttural.)

Il faut ne pas oublier que dans ce temps, le droit d'aînesse régnait en Espagne dans toute sa rigueur. L'aîné qui devait porter le titre, avait le *mayor azgo* ; les diamants mêmes qui formaient la couronne de marquise ou de comtesse, qui devait orner la tête de sa noble épouse, étaient substitués. Quant au reste de la famille, filles ou garçons, c'étaient ce qu'ils appelaient de la *canaillota*, du fretin. Les garçons se mettaient dans l'Église ou dans l'armée, qui leur donnait une modeste pitance, et ils cherchaient à dépister des *herederas*. Quant aux filles, elles n'avaient d'autres ressources que le couvent, si elles n'avaient su tirer parti de *leur chapel de roses*, leur unique dot, c'est-à-dire trouver un mari. Il faut dire que la législation et les mœurs leur venaient en aide, car elles pouvaient très-bien se marier sans le consentement de leurs nobles parents. Ainsi une jeune fille tout en donnant le bras à sa mère pouvait, en faisant une déclaration à un *escrivano*, espèce de notaire aposté, se faire enlever et déposer dans une maison tierce, où elle était *depositada*. C'était en quelque sorte des actes respectueux pendant le cours desquels leur affaire s'instruisait chez le capitaine général de la province, qui était en même temps président de *l'Audience royale*, lequel accordait ou refusait de conclure si l'union paraissait par trop mal assortie.

Ceci explique comment M. de Montijo, pendant que sa noble famille était très-affectionnée à Ferdinand VII, était devenu *afrancesado*, c'est-à-dire qu'il était entré dans l'armée française et qu'il devint adjudant commandant et adjudant-général, ce qui ne veut pas dire qu'il ait été jamais général, mais qu'il était simplement officier d'état-major. De la dite segnorita et du señor de Montijo naquit une fille : je ne sais pas si une des sorcières de Macbeth aura dit sur son berceau : « *Tu seras Impératrice !* » et que la fée Urgelle aurait ajouté : « *Tu seras Reine de beauté !* »

Ce qu'il y a de certain, c'est que je me rappelle parfaitement avoir lu, vers 1826, deux articles d'une Gazette des tribunaux, rubrique des tribunaux étrangers, dans lesquels la famille des Montijo combattait la légitimité de la nouvelle née. Plus tard même je me serais laissé dire que pour établir l'état civil de la demoiselle à marier, on lui avait donné en dot quelques années de plus qu'elle n'avait réellement, et que sans cette sage précaution, elle ne serait pas née *durante matrimonio*.

Mais ce sont-là de mauvais propos et peu m'en inquiète, car en ma qualité de juriste j'aime toujours à trouver un père pour un enfant et j'estime fort l'axiome si connu : *Is pater est quem nuptiæ demonstrant*. Puis, je suis fait de telle sorte que si par aventure on venait pondre dans mon nid, je me sentirais dans le cœur et dans les entrailles assez de chaleur pour couver l'œuf de provenance étrangère comme s'il était de mon fait, car je n'ai jamais conçu qu'on eût la cruauté de punir une pauvre créature bien innocente et qui n'en peut mais.

CHAPITRE XXIV.

Que les décrets de la Providence sont impénétrables ! !...
ou si mieux vous aimez, répétons ce mot si connu : « Tout
est possible en France. »

La veuve Scarron se faufile sournoisement sur un coin
du trône occupé par le grand Roi et son union avec lui a
été consacré par l'Église, mais elle n'en reste pas moins
qu'une épouse morganatique, c'est-à-dire de la main
gauche.

La Pompadour et la Du Barry certainement furent
puissantes, et nous n'allons pas faire l'histoire de ce règne;
mais on ne les prit jamais pour des reines, et Frédéric II
se contentait d'appeler ces majestés d'alcôve Cotillon Ier,
Cotillon II.

Mais la grosse horloge du temps a frappé, et le dix-neuvième siècle apparaît, entouré de l'éclat fulgurant de la
Révolution ; les yeux s'ouvrent à la lumière, les préjugés
s'enfuient, se cachent dans l'ombre, et la France verra
deux impératrices montées sur le trône et même trois.

Impératrice N° I. — C'est la demoiselle Tascher de la
Pagerie, veuve Beauharnais, celle que le peuple a appelée
la bonne Joséphine. Ah ! la pauvre chère femme, qu'elle a

dù verser de larmes dans sa vie ; son auguste époux n'était rien moins que tendre et galant envers le beau sexe, dont il s'est attiré parfois de vertes réparties. — Alors qu'il disait, par exemple, à madame de Staël : « Les femmes ne doivent pas s'occuper de politique.

— Mais vous avouerez bien, général, qu'à une époque où on leur coupe journellement la tête, il est bien naturel que les femmes soient bien aises de savoir pourquoi. »

A madame la duchesse de Grammont : « Vous êtes rousse, vous.

— Sire, vous êtes le premier homme qui me l'ait dit. »

A madame de Nontron : « On dit que vous aimez les hommes.

— Oui, sire, quand ils sont polis. »

La bonne Joséphine a fini tristement ses jours dans l'exil, à la Malmaison, et elle aurait pu terminer d'une manière plus tragique s'il faut en croire Miot de Melito, qui, dans ses mémoires, parle d'une lettre adressée par le grand homme à son frère Joseph dans laquelle il disait : « Je viens de visiter une bonne partie de la France, et j'ai pu assez me rendre compte de l'esprit de servilité qui règne dans les populations pour être bien assuré que je n'ai pas besoin d'un crime. » Puis il entamait la grosse question du divorce.

Impératrice N° II. — Quand je montais la rue Saint-Jacques pour aller au lycée Impérial, je me rappelle avoir vu aux vitrines d'un marchand d'images le Petit Caporal montant la garde avec le fusil d'un conscrit endormi au pied d'une masure. A côté on pouvait voir la jeune archiduchesse se promenant dans une allée du parc de Chœnbrunn, pressant sur son cœur une lettre au bas de laquelle on pouvait voir en caractères microscopiques : *Napoléon*.

Ce qui n'empêche pas que lorsque la princesse partit, il y eut une terrible émeute à Vienne : la population était en larmes comme si la malheureuse allait être livrée au Minotaure.

Elle arrive dans je ne sais quel village, près de Fontainebleau ; il venait de pleuvoir, et sous le porche de l'église se trouvait un homme en redingote grise, tournant déjà à l'obésité... C'était l'Empereur !... Il monte et donne un baiser à l'archiduchesse... Et le soir même, il allait passer la nuit à Fontainebleau, et, à ce que l'on assure, il consommait... ce qui put paraître étrange à cette jeune vierge élevée dans les principes de la plus haute piété.

Pauvre Marie-Louise, je crois encore la voir fraîche, rose, avec ses yeux bleus. Elle n'ignorait pas qu'on ne l'avait fait venir que pour donner de la progéniture, et que le cœur n'y était pour rien.

Aussi, lors de la conspiration de Mallet, Guidal et Lahorie, en voulant l'effrayer des résultats possibles de cet horrible complot, elle se contenta de hausser les épaules et répondit : « Eh bien, je retournerai auprès de mon père. »

Je me rappelle qu'en 1822, j'avais l'honneur de dîner chez un homme bien aimable, M. le marquis de Beausset, qui avait été quelque chose comme grand chambellan ou maître du palais, qui, dans son hôtel à Béziers, avait donné l'hospitalité à la charmante femme de mon colonel. Il nous raconta les derniers instants passés par Marie-Louise sur la terre de France : elle était arrivée à Blois, où, par parenthèse, j'avais mon regretté frère parmi les élèves de Saint-

Cyr qui l'escortaient, lorsque tout à coup arrivent quelques officiers envoyés par le roi Joseph, chargés de l'amener au quartier impérial.

Il se fit une espèce de tumulte, et l'impératrice ouvrant les portes s'élance dans le salon où se trouvaient les officiers en s'écriant : « Messieurs, permettrez-vous qu'on fasse violence à votre impératrice, à une femme... »

Tous baissèrent la tête, et quelques heures plus tard quelques officiers autrichiens vinrent la prendre, et elle dit adieu à cette France où elle n'avait éprouvé que des chagrins et à ce Paris toujours en ébullition, pour regagner la bonne et aimable ville de Vienne.

Le 20 mars 1815, Napoléon Bonaparte, échappé de l'île d'Elbe, retombait de tout son poids sur ce malheureux pays qu'il avait laissé, il y avait un an à peine, épuisé, exsangue, avec ses arsenaux vides, ses musées pillés, ses frontières amoindries, et qu'il avait rendu l'objet de la haine inextinguible de toute l'Europe ; et il faut bien l'avouer, nous sommes encore aujourd'hui *convicti odio generis humani ;* et il osait proclamer pompeusement que Sa Majesté l'Impératrice allait lui ramener le Prince Impérial, tandis qu'il savait fort bien qu'il n'y avait plus d'Impératrice, mais une princesse de Parme, Plaisance et Guastalla, laquelle allait se marier, si elle ne l'était déjà, avec un homme qui n'était pas sans valeur, le feld-maréchal Niepperg, le même qui, quelques jours plus tard, allait battre à plates coutures le roi de Naples.

Napoléon avait donné à Murat, mari de la vertueuse Caroline sa sœur, le trône de Naples, et quand celui-ci, en 1814, aux instigations de sa femme, et dans l'espoir de conserver sa couronne, s'unit aux ennemis de la France, Napoléon dit :

« On ne peut tourner le dos à la mauvaise fortune avec
« plus d'impudeur, et cette fois-ci, par sa malencontreuse
« levée de boucliers, il m'a fait plus de mal qu'il ne m'en
« avait fait par sa défection. »

C'est qu'en effet, une trentaine de mille Autrichiens,
qui étaient occupés à surveiller les mouvements de Murat,
pouvaient dès lors se jeter sur la France. Murat n'a jamais
été qu'un brillant général d'avant-garde, et sa fin tragique
au Pizzo (13 octobre 1815) devrait servir d'avertissement
aux prétendants.

Marie-Louise avait donc pu rompre une chaîne abhorrée,
c'est que, Dieu merci, le divorce existe chez tous les peuples
civilisés, et il n'y a que dans la France de nos jours, que par
une malheureuse fiction légale dans la séparation de corps,
le lien n'est pas rompu et n'est que relâché; si bien qu'un
galant homme voit son nom traîné dans la fange, par une
misérable qui se prostitue, et qu'il ne peut lui enlever ce
nom qu'elle déshonore. Mais, chose plus monstrueuse
peut-être encore, des parents mal avisés ont lié le sort
de leur jeune fille à un ivrogne, un joueur, un escroc, et
il faut que la malheureuse traîne tout le restant de sa vie,
ce nom taré, qu'elle végète à l'état de vieille fille mise au
rebut, sans avoir jamais l'espérance d'être mère : N'est-ce
pas, ici-bas, un enfer anticipé !!

CHAPITRE XXV.

Impératrice n° 3, Eugénie de Montijo.

Impératrice N° III. — Ah ! son avènement a été marqué par des signes non équivoques de la bonté divine! Paris, la grande ville, lui avait offert pour présent de noce la somme de six cent mille francs ; inspirée par son cœur, elle les consacre à fonder un hôpital, qui porte le doux nom d'Eugénie, c'est-à-dire la prédestinée. Aussi elle va recevoir sa récompense : S. S. le pape lui envoie *la rose*, c'est-à-dire le prix de vertu décerné à la femme qui a le plus mérité dans l'année du ciel et de la terre.

Embaumée dans les parfums de la fleur mystique, elle marchera désormais immaculée par les rudes sentiers de la vie, et lorsqu'elle paraîtra devant le Saint des Saints le front ceint du signe de la rédemption, elle sera, j'en ai la douce espérance, admise dans le séjour d'éternelle lumière, et elle ira s'assoir à côté de sa charmante compatriote la tendre Thérèse de Cespèdes.

La fleur mystique, cette rose de Jéricho qui, après des milliers d'années, s'épanouit encore lorsque sa tige est trempée dans les larmes parties du cœur, a été donnée quelques temps après par le Saint-Père à la catholique reine d'Espagne Isabelle.

Touchant emblème de grâce et de miséricorde, Madeleine a beaucoup péché, mais elle a beaucoup aimé, elle a beaucoup pleuré, et il lui sera beaucoup pardonné.

Mais oh! faveur inespérée, le souverain pontife lui-même bénit de ses augustes mains le fruit conçu dans les entrailles de l'impératrice très-chrétienne Eugénie; il daigne le tenir sur les fonts baptismaux et lui servir de second père.

Ah! jeune prince, qui dès le berceau as reçu la palme de l'élection, tu ne voudras sans doute pas jouer le triste rôle de prince déclassé au milieu de ce monde corrompu bientôt dégoûté des misères et des turpitudes que tu y trouveras, tu iras te réfugier dans le giron de notre sainte mère l'Église, ta marraine, qui a horreur du sang.

Mes faibles yeux se refusent à la lumière, mais il me semble que je suis par instants doué d'une seconde vue, et qu'à travers le voile qui couvre le sombre avenir, je te vois, oh! jeune prince, lévite prosterné au pied des autels, puis bientôt, fervent apôtre de la foi, faisant retentir la parole de Dieu dans tout son tonnerre, au milieu des peuples ravis de ton éloquence, puis tu seras vêtu de la pourpre romaine, et plus tard encore cet avenir devient resplendissant et tu montes sur le trône, le plus élevé des trônes du monde, car il est entre le ciel et la terre.

Mais descendons du ciel et revenons à la terre.

Dans la vieille Europe et dans notre ville de Paris, si par malheur la vérité sortait de son puits, elle serait traquée et abattue comme un chien enragé. C'est qu'en effet avec la loi de 1816 sur la diffamation toute au profit des coquins et au préjudice des honnêtes gens, il ne fait pas bon dire la vérité ; et si Boileau ressuscitait et s'avisait de dire :

J'appelle un chat un chat et Rollet un fripon,

il serait immanquablement traduit en police correctionnelle. Aussi la langue s'est-elle pliée aux circonstances ;
elle s'enveloppe de voiles, minaude comme une vieille co-
quette. Elle se farde, se maquille et use de figures de rhé-
torique.

L'euphémisme est tout à fait à la mode; mais de tous les
euphémismes, il n'y en a pas un plus hardi et mieux réussi que celui qu'on trouve dans les mémoires de l'immortel
Goëthe lorsqu'il dit : « *Catherine II se jugea digne de ré-
gner......* » et elle le prouva bien, car ourdissant avec les
Orloff-un complot contre son auguste époux Pierre III, elle
le fit jeter en prison et il arriva un beau jour qu'on le
trouva étranglé.

Elle conquit la Crimée, mit son amant Stanislas Ponia-
towski sur le trône de Pologne pour la dépecer ensuite.
Elle décréta l'abolition de la peine de mort — il est vrai
qu'il y avait la mort lente par le knout à cinq branches,
trempé dans du lait, et dont chaque coup enlevait une
lanière de chair.

Elle correspondait avec Diderot et Voltaire qui l'appelaient Catherine le Grand, la baptisaient du nom de Sémira-
mis du nord et que c'était du nord que venait la lumière.

L'histoire de Russie me paraît aussi hideuse que san-
glante. Après Pierre III, c'est Paul Ier qui tombe sous les
coups des assassins, et lorsque Alexandre monte sur le
trône, madame de Krudner l'inspirée s'écrie : « Splendide
« cérémonie ! le nouvel Empereur marchait précédé des
« assassins de son père et suivi des siens. »

A Dieu ne plaise que nous veuillions comparer Catherine II avec l'impératrice Eugénie. Dans notre France po-
lie on n'agit pas ainsi à la Tartare, et d'ailleurs pas en était

besoin ; le pauvre Napoléon III était encore à Wilhelmshoe,
et on l'aurait simplement prié d'abdiquer et Eugénie serait restée régente comme par le passé, et à cette époque, en
effet, sur les murs de la ville de Reims, on voyait afficher
des proclamations signées de je ne sais quel prince ou général autrichien dans lesquelles on disait que le roi de
Prusse ne pouvait traiter qu'avec la Régente, ou avec le
maréchal qui commandait la dernière armée qui restait à
la France.

Que serait-il donc advenu entre Bazaine et Changarnier ?
Et je crois en vérité que ce dernier en aurait été pour ses
frais et que l'épée de connétable lui aurait échappé des
mains.

CHAPITRE XXVI.

Souvenirs d'Espagne. — Lord Byron. — Retour de Compiègne;
Dialogue en plein Conseil des ministres, entre l'Empereur et l'Impératrice.

¯ Je fouille dans ma mémoire; mais elle reste confuse, voilée, elle est rebelle; c'est comme ce livre que je tiens dans mes mains, il reste muet. Ces pages ne disent plus rien à mes yeux désormais inutiles, qui ne sont plus que deux gouttières par lesquelles s'échappent une à une des larmes âcres et brûlantes.

Je ne vis plus que dans le brouillard des limbes qui m'entourent de toute part; la vie me semble déjà une mort anticipée; car je ne vois plus le sourire de l'enfant qui tend ses petits bras, je ne vois plus la rose qui fleurit dans mon jardin ou sur les joues de la jeune fille, et je n'aspire plus qu'à la nuit éternelle.

Mais, oh! mystère des mystères! cette nuit sera-t-elle éternelle ou mes pauvres yeux se rouvriront-ils encore une fois à la lumière bénie du ciel.

Et cependant je l'espère, grand Dieu! et j'ai fait d'avance mon épitaphe pour me servir demain ou après-demain :

> Ci gît.....
> *Requiescat in pace.*
> Pour l'âme du trépassé,
> Passant ne priez pas,

> Car il fit son enfer ici-bas.
> Et tout droit en paradis il ira,
> Si paradis il y a.
> Alleluia !

En attendant, je cherche à tâtons cette strophe de Byron, qui lui fit tant d'ennemies parmi ses blondes compatriotes... *Ye pales beauties of the North*... oh ! pâles beautés du Nord, qu'êtes-vous à côté de la séduisante Andalouse?

C'est qu'en effet l'Andalouse, ou l'Espagnole si vous voulez, est la houri rêvée par Mahomet ; ses petits pieds de gazelle frétillants semblent marquer la mesure d'un fandango ; sa taille svelte et souple se plie avec des enlacements voluptueux dans les bras de son valseur ; les abeilles du mont Hymette semblent avoir déposé un rayon d'ambroisie sur ses lèvres roses lorsqu'elle distille cette langue si mélodieuse qu'on la prendrait pour une musique venue des cieux ; puis ses yeux humides dardent à travers le voile de ses longs cils des feux qui pénètrent dans l'âme... Oui, mais ses yeux récèlent parfois la tempête, et ses petites mains, si habiles à manier les castagnettes pour rhythmer une cachucha, savent parfois aussi très-bien manier la *navaja* ou couteau castillan.

Je me rappelle toujours mon entrée, en 1823, dans un palais à Tolosa et je demande à être présenté à la maîtresse de la maison. Je vois arriver une petite personne qui pouvait avoir de treize à quatorze ans, et avec beaucoup de dignité et un peu de raideur, me dit : « C'est moi qui suis *la ama de la casa.* » (En Espagne une jeune fille peut se marier à l'âge de douze ans.)

Je cherche à apprivoiser ma petite hôtesse en lui montrant un livre espagnol, traduit d'un petit ouvrage français

fort bien fait, d'un officier dont je ne me rappelle pas le nom, et qui fut le second mari de madame de Staël, et je me mets à épeler ces mots : « *Las mugeres dàban cuchilladas de los ojos heridos* », c'est-à-dire : les femmes donnaient des coups de couteau dans les yeux des prisonniers blessés.
— Et mon charmant petit monstre de s'écrier :

« *Eh que bien hacian, io haria tanto... in treinta anos tres veces.* » Et j'en ferai tout autant... en trente ans, trois fois !!!

Il me semblait que les dents de cette petite furieuse s'aiguisaient comme celles d'une vipère ; ses yeux vomissaient des flammes ; véritablement je crois que j'eus peur, et je me contentai de lui dire que si nous avions par malheur une tournée je ferais en repassant tout mon possible pour qu'on mît le feu à sa maison.

A Saragosse, j'ai eu le plaisir de voir assez souvent une señorita mince et fluette qui, dans un petit accès de jalousie, avait parfaitement tué son amant. La chose ne fit pas beaucoup de bruit ; l'amant ne porta pas plainte ni la famille non plus ; il n'en fut que cela.

La séduisante Andalouse n'est pas toujours commode : je me suis laissé raconter par un personnage honorable qui assurait avoir été mis au fait d'une petite scène par un témoin auriculaire.

A un retour de Compiègne, il y avait conseil des ministres : l'Impératrice y assista et fit connaître son intention d'aller à Rome.

Sur ce, l'Empereur dit : « Je vous avais en effet promis « que vous iriez, et ce pour avoir la paix du ménage, mais « dans cet instant cela ne se peut, et comme chef de l'État « et comme chef de famille je ne puis vous le permettre. »

A ces mots, vive agitation de l'Impératrice, et les ministres sentant que le vent soufflait à la bourrasque prenaient leur portefeuille pour s'esquiver. — Mais Eugénie les arrête: « Je veux que vous m'entendiez », s'écrie-t-elle; et, se tournant vers son auguste époux : « Si j'étais une « simple particulière, il y a longtemps que j'aurais pu ob- « tenir une séparation... Vous ne faites que des sottises... « vous compromettez l'avenir de mon fils... vous ne finis- « sez rien, pas même votre César !!! »

C'est bien là un trait de malice féminine qui pique dans l'endroit le plus sensible, l'amour-propre d'auteur.

Du reste, je donne cette tirade saccadée et tronquée sous toutes réserves, car je n'y étais pas ; mais même aux Tuileries, les murs ont des oreilles, et parfois ils ont entendu des portes fermées avec fracas, des trépignements de pieds, voire même des porcelaines cassées, le tout sans parvenir à faire sortir l'auguste époux de son flegme hollandais et qui se contentait de friser sa moustache, ce qui la dépitait cruellement.

Elle était d'une nature excessivement impressionnable ; un de mes bons camarades me racontait qu'étant en Afrique, alors qu'on allait procéder à la bénédiction d'une pose de pierre pour je ne sais quel monument, l'Impératrice, voyant cette pierre descendre lentement de la grue, s'écria dans un paroxysme : « Ah ! c'est le cercueil de ma sœur !!!.... » Elle tomba dans les convulsions de l'attaque de nerfs la plus violente.

Décidément, toutes réflexions faites, à une Andalouse avec toutes ses séductions, avec ses charmes irrésistibles, je préférerais, pour mon usage particulier, une pâle beauté du Nord, une blanche fille d'Albion.

CHAPITRE XXVII.

Impératrice Eugénie.

L'Impératrice Eugénie ! — Déjà l'ombre s'allonge derrière vous, les années s'appesantissent sur votre tête, votre vie accidentée ressemble à un conte d'Hoffmann, ou à une des Mille et une Nuits.....

Un bon génie, avec la lampe d'Aladin à la main, ne viendra-t-il pas vous éclairer et vous dire « : Repose-toi donc « enfin ; crains la forteresse de Blaye, tu sais, celle où « l'infortunée et bonne duchesse de Berry a pleuré pendant « longtemps ses fautes, et le sang versé pour sa cause « au château de la Pénissière..... » Espères-tu ramener en France ton fils au moyen d'un plébiscite, mais c'est la mer en courroux qui soulève ses vagues folles, mais la tempête passe et un calme plat..... Le plébiscite ! C'est la clameur populaire hurlant : Vive le Roi ! vive la Ligue ! vive l'Empereur ! vive la République !!!..... Autant en emporte le vent.

Tu ne peux le ramener aux Tuileries, puisqu'elles ont été brûlées par de misérables forcenés : qu'on rebâtisse, ce ne sera qu'un replâtrage tout suant et tout ruisselant de dégoûtants souvenirs.

Prétendrais-tu asseoir ton fils sur un trône soutenu par les baïonnettes étrangères ; car ce n'est que par elles qu'il pourrait se maintenir ; une garnison prussienne tout près de nous, à Strasbourg et Metz, à ses côtés, un résident prussien..... quelque chose comme la Pologne : *Finis Galliæ ! !*

Puis, tu ne songes donc pas à tes nuits sans sommeil, pauvre mère, quand tu penseras au poignard de Louvel !

Mais, oh ! femme, aie donc pitié de cette malheureuse France, qui depuis bientôt cent ans se débat dans les convulsions d'une agonie prolongée ; trois invasions ont passé sur elle, et sur son corps foulé aux pieds ont pratiqué les horreurs de la vivisection. Il est vrai qu'après ces chutes, elle rebondit avec l'élasticité de l'enfance, mais le vieil enfant terrible pourrait bien en trouver une mortelle.

Elle est aujourd'hui dans une véritable crise, les symptômes sont alarmants, les crimes, les suicides, les cas de folie croissent à vue d'œil comme une marée montante, veux-tu exaspérer et aggraver son mal ?

Eugénie de Montijo, veuve de Louis-Bonaparte, crois-moi ! à quelques pas de Chislehurst, il y a Claremont avec ses frais ombrages ; c'est là que la veuve de Louis-Philippe, Marie-Amélie, a fini ses jours, et ces lieux sont encore pleins de son souvenir ; quand elle paraissait sur sa modeste monture, tous les fronts se découvraient et les cœurs s'épanouissaient devant la sainte femme qui était leur Providence, tant elle semait de bienfaits et surtout de consolations.

Faire le bien est encore la plus douce manière d'employer sa vie ; on rencontre souvent des ingrats, mais une larme de reconnaissance est pour le cœur un baume qui fait oublier bien des mécomptes.

Après avoir été reine de beauté, sois sœur de charité,

mais prends-y garde, pour jouer ce rôle, il ne faut pas gaspiller comme tu le fais les parures dont la France a orné ton front. Tu as déjà vendu des diamants pour la somme de quatre-vingt mille livres, soit deux millions, et ce pour solder des journalistes, qui généralement sont au plus offrant et qui t'abandonneront quand tu te seras mise à sec.

Tandis que tu peux finir tes jours dans une modeste aisance, honorée par tes vertus et bénie sur cette terre hospitalière où les Révolutions ne grondent que dans un lointain éloigné et où Victoria est honorée et chérie par un peuple libre, comme l'est dans sa ruche la reine des abeilles.

CHAPITRE XXVIII.

Prestation de serment. Général Carrelet, commandant la 1re division.
Excursion à Boulogne. Maréchal Saint-Arnaud, ministre de la
guerre. — Général Fleury. Question de l'obéissance passive.
Dialogue entre le général Carrelet et le commandant du Gymnase.

Après nous être prosterné aux pieds de nos Impératrices, revenons au triste héros de la lamentable odyssée.

Maintenant il s'agissait de serments, et cela résonnait à son oreille à peu près comme au temps de son enfance, lorsque le canon des Invalides se faisait entendre et que ses parents consternés s'écriaient : « *Encore une victoire ! cela ne finira donc pas, — il nous prendra notre dernier homme, notre dernier écu.* »

Encore un serment à prêter ! Et cependant il eût été bien aise de jeter le froc militaire aux orties, qui lui pesait si fort depuis que, par une brochure innocente et même dictée par des sentiments généreux, il s'était vu enlever un grade. En vain, il avait cherché à s'ouvrir une nouvelle carrière au Conseil d'État.

Napoléon le Grand ayant lassé la fortune disait en 1813 : « *Rien ne veut plus me réussir.* » Le pauvre hère pouvait dire : « Rien ne m'a jamais réussi. »

Mais il avait un fils qu'il couvait, auquel il avait servi de père et de mère, car il était veuf sans l'être : et à cette époque, pas n'était besoin de commissions militaires, on se contentait de vous présenter un passeport pour aller prendre l'air à l'étranger. Il eût peur, le lâche, et adressa au général commandant de la première division militaire *son serment comme pièce comptable, pour toucher ses appointements à la fin du mois.*

Du temps de la présidence, le général Roguet, qu'il avait connu capitaine du génie à Metz, se présenta à son Gymnase et lui dit : « Que le prince serait charmé de le recevoir, lui et son état-major. » A quoi le commandant répondit : « Est-ce un ordre ? — Non certainement. — Eh bien, ces messieurs peuvent y aller s'ils le veulent. »

Après cela on peut concevoir qu'il n'était pas très-bien noté, et il ne tarda pas à en avoir la preuve.

En 1853, il se présente chez M. le général Carrelet, commandant la division, et lui demande s'il veut lui accorder quelques jours de congé, pour faire prendre un peu l'air de la mer à son fils en vacances ; le général lui répond en présence de son aide de camp qu'il peut partir et qu'il le fera prévenir quand il passera l'inspection du Gymnase. Il part, en effet, bien content pour Boulogne-sur-Mer, et quelques jours après, ayant obtenu la permission de faire une petite excursion en mer avec un de ses amis, à peine allait-il sortir de la jetée que son petit bâtiment est hélé, un télégramme, lui crie-t-on ; pied à terre, il faut qu'il se rende incontinent chez M. le maréchal Saint-Arnaud.

Arrivé en sa présence, il est reçu d'une façon assez maussade par le maréchal, qui lui demande pourquoi il n'est pas à son Gymnase ? Le commandant de tirer, tout aussitôt, sa permission. — *Oui, oui, je le sais, je le sais.*

Et alors, si tu le sais, pourquoi me le demandes-tu ? pensait le commandant.

Puis on lui exhibe une lettre dans laquelle on signalait un fait scandaleux qui s'était passé dans cet établissement : Une femme était entrée par la connivence d'un caporal, et il crut pouvoir se permettre de dire que cette lettre était sans doute anonyme et qu'il s'étonnait qu'on occupât d'une pareille baliverne un maréchal de France et même un chef d'escadron d'état-major, et là-dessus on le congédia assez lestement. Ce *je le sais, je le sais*, le tracassait, mais l'horrible mystère lui fut bientôt dévoilé par M. Petitet, secrétaire général, travailleur infatigable, mort depuis à la peine : M. le général Carrelet ne devait pas donner la permission sans prévenir le ministre, et tout simplement il avait laissé croire au maréchal que le commandant avait pris, comme on dit vulgairement, sous son bonnet d'aller faire signer sa permission par le général commandant la place.

C'est qu'apparemment M. le général Carrelet ne savait pas que sous cette épaulette qu'il insultait, il y avait un homme incapable de la moindre bassesse, un homme dont la véracité était telle, qu'il n'a jamais articulé ni écrit un mot qui ne fût, ou qu'il crût être la pure vérité.

Mais nous venons de parler du maréchal Saint-Arnaud, le personnage mérite bien qu'on fasse une pose en sa faveur. J'étais curieux de voir mon ancien camarade de la maison du roi : Je ne sais quels bruits avaient couru à cette époque : on prétendait que les crépines en or du trône du roi avaient disparu. Bref, Saint-Arnaud avait dû quitter les gardes du corps ; puis on disait qu'il avait monté sur le théâtre de la Gaieté, puis on l'avait perdu de vue. Ce fut 1830 qui le remit à flot.

Le général Bugeaud se l'attacha lorsqu'il fut chargé de

garder à Blaye la duchesse de Berry ; et le commandant en second, Saint-Pourçain, se plaisait à montrer avec quelle habileté le dit Saint-Arnaud avait fait établir des sarbacanes qui communiquaient jusque dans l'alcôve de la pauvre princesse. Puis il alla gagner, à la pointe de son épée, des grades en Afrique.

Le prince président annonçait et préparait de longue main son petit complot et il envoya son homme de confiance, depuis général Fleury, pour pratiquer le général depuis maréchal Bosquet, qui dans le temps qu'il était simple chef d'un bureau arabe s'était écrié en parlant des Kabyles : « Comment, ces gaillards-là ne bougent pas plus que des termes, mais je leur mettrai le feu sous le ventre. »

Saint-Arnaud ayant eu vent de ce qui se passait, s'offrit avec enthousiasme et dévouement, pour le travail qu'on voulait mettre sur le chantier. Mais il y avait une petite difficulté, c'est qu'il n'était alors que général de brigade..... mais bagatelle..... On organisa une petite expédition contre les Kabyles, et il y gagna ses étoiles de général de division. Pauvres Kabyles ! L'Afrique était pour l'armée une terre propice pour cueillir des lauriers et récolter des grades. Hélas ! que je regrette de n'y avoir pas été par suite de malheurs domestiques dont je n'ai pas à entretenir le lecteur.

Du reste, on ne pensait pas mieux s'adresser qu'au général Saint-Arnaud, homme de ressources, ayant autant de courage que d'esprit ; il suffit pour s'en convaincre de lire ses mémoires qui sont fort amusants, mais sont un peu ceux d'un condottiere ; et bientôt, il était ministre de la guerre, tout prêt pour le deux décembre.

Après cela il y a un petit problème fort délicat, et fort

difficile à résoudre ; à savoir si parce qu'on a intronisé dans le palais du ministre de la guerre, rue de Grenelle, un homme à tout faire, il faille, en vertu de l'obéissance passive, lui obéir en tout et pour tout et faire sauter par les fenêtres les élus de la nation où les enfermer à Mazas.

Augereau disait un jour : « Si mon général Bonaparte m'ordonnait d'aller tuer mon père, je le ferais à l'instant même. » — Madame de Staël, présente, de s'écrier : « Ah ! général, vous tenez là un propos de *muet*. »

En 1812, lors de la conspiration des généraux Mallet, Guidal et Lahorie, un d'eux se présente dans je ne sais quelle caserne, et ordonne à l'adjudant-major de service de faire prendre les armes à son bataillon...

Quelques jours après, le pauvre officier était bel et bien fusillé en plaine de Grenelle et tombait en criant : « Vive l'Empereur ! » Et cependant il n'avait agi qu'en vertu de l'obéissance passive.

Wellington disait, et avec raison : « *Savez-vous pourquoi l'armée anglaise est la meilleure de toutes les armées ? C'est qu'elle est tout entière commandée par des gentlemen,* » c'est-à-dire par des hommes qui ont puisé dans une éducation vraiment libérale le sentiment de leur dignité individuelle et la conscience de leur devoir envers le pays, si bien qu'ils ne serviront jamais de machine aux *pronunciamentos* et aux coups d'État.

Mais revenons à M. le général Carrelet, qui avait annoncé sa revue du Gymnase pour l'inspecter.

Le commandant avait installé son petit bataillon dans l'espace laissé libre par les bâtiments au fond de la cour, et devant son front de bandière il y avait une guérite assez maladroitement placée.

Le général arrive, les tambours battent aux champs; d'un air renfrogné il regarde le commandant planté droit comme un piquet et débute par lui dire :

— *Votre figure ne me revient pas.*

(Singulier compliment venant de la part d'un homme d'une laideur véritablement patibulaire.)

Et tout aussitôt s'entame ce dialogue entre le pot de fer et le pot de terre :

Le général d'un ton rogue : — *Commandez !*

Le commandant de sa plus belle voix :—*Garde à vous!...*

Le général haussant la voix : — *Mais, mettez-vous donc au milieu pour mieux saisir l'ensemble !*

Le commandant avec timidité :—*Mais, mon général, cette guérite me g...*

Le général, d'une voix vibrante : — *Des observations ! Je ne les aime paaaas... Vous garderez les arrêts pendant huit jours.*

Le commandant, tant soit peu exaspéré : — *Mon général, j'ai servi pendant trente-sept ans, et je n'ai jamais été traité ainsi et n'ai donné à personne le droit de le faire.*

Le général, dans un paroxysme de fureur : — *Capitaine, venez prendre le commandement, — et vous, vous aurez de mes nouvelles ce soir !*

Le commandant sorti de ses gonds : —*Ah ! vous pourrez faire ce que vous voudrez ; car il faut avoir bien faim pour servir dans l'armée française avec des espèces telles que vous.*

Ainsi finit ce pénible entretien.

CHAPITRE XXIX.

Le Commandant mis aux arrêts forcés pour 15 jours. — Général Trochu.

Le lendemain je rendais mon épée, et j'avais l'honneur d'avoir un factionnaire à ma porte, ce qui veut dire que j'étais mis aux arrêts forcés pour quinze jours : il était même question de m'admettre d'office au bénéfice de la retraite, mais mon bon camarade, le général Trochu, alors directeur du personnel, y mit obstacle et fit, comme il me le dit, un nœud d'artilleur.

Le général Trochu... En voilà un qui a aussi des comptes à régler avec ses honorables concitoyens.—A-t-il été assez dénigré, tympanisé... Mais l'exécrable Commune a son historien, et peut-être le siége de Paris aura aussi le sien, et pour peu qu'il soit fidèle au précepte de Cicéron : *Ut verum dicat nec quid veri tacere audeat*, c'est-à-dire qu'il dise la vérité, toute la vérité, il nous fera connaître quelle était la valeur des troupes dont le général pouvait disposer et comment, harcelé par la vile multitude qui faisait la loi, le malheureux n'osait assembler un conseil de guerre de peur d'avoir des acquittements scandaleux.

Et il reprendra la place qu'il n'a jamais perdue qu'aux yeux de *l'imbecille vulgus*, parmi les hommes qui ont le plus honoré l'armée et la France par leurs qualités civiles et militaires à notre époque, c'est-à-dire les Bugeaud, Lamoricière, Cavaignac, Mac-Mahon...

D'abord un peu étourdi, je revins bientôt à moi ; puis l'air libre commença à entrer dans mes poumons, mes nuits étaient plus douces ; elles n'étaient plus inquiétées par les tracas du lendemain, et j'éprouvais le bonheur de Cincinnatus rendu à sa charrue. Dans mes rêves, je revis le terrible Carrelet ; il n'était pas beau, je l'ai déjà dit, il était même fort laid ; et cependant je lui souriais, je le remerciais des loisirs qu'il m'avait faits, et toutefois ce n'était pas le cas de dire : « *Deus nobis hæc otia fecit.* »

Puis un souvenir de ma jeunesse ; je me rappelais un quasi-homonyme du sieur Carrelet, grosse épaulette, qui dans un bal m'avait lancé une épithète si mal sonnante que je lui dis : « *Il faut avouer que pour un ancien trompette, vous êtes bien mal embouché.* » Une plus grosse épaulette encore avait été à mon égard fort impolie, et ce en présence d'une dame.... Ma mémoire me servit à propos et je lui lançai à la face un mot de Larochefoucauld : « Un sot déconcertera toujours un homme d'esprit, un homme d'esprit ne déconcertera jamais un sot », — et je me sauvai à toutes jambes sans attendre mon reste.

J'avoue que je ressentais un vrai plaisir en pensant que j'avais remis à leur place ces malappris qui se figurent que tant vaut l'épaulette, tant vaut l'homme, et qui se croient en droit de molester un subalterne, parce qu'ils ont un grade de plus. Certainement, parmi les nobles restes de l'ancienne armée et de l'immortelle garde impériale, il y avait des officiers pleins de mérites, mais nous autres, jeunes gens, nous étions un peu fatigués des récits de leurs hauts faits dont ils nous saturaient, et nous avions l'impertinence de dire que surtout dans la vieille garde, ces nobles restés étaient marqués de trois B......

Beau... Brave et.......

Ce que je n'aimais pas dans beaucoup d'eux, c'est qu'ils étaient si friands d'échanger leurs titres de comte ou de baron qu'ils devaient à l'empire pour ceux de vicomte et de marquis, et se figuraient que cela ferait croire qu'ils descendaient des croisades, et ils se donnaient des airs de courtisans de l'Œil-de-Bœuf, c'était à mourir de rire, l'ours martin à la foire n'est pas plus plaisant. Je vois encore l'entrée du général en question dans le salon de la baronne de......; on était en plein été et le galant général de s'écrier de la porte d'entrée: *Mais en vérité, madame la baaronne, il neige ici !!*

— *Mais, général, que voulez-vous donc dire ?* Le général, faisant le geste circulatoire le plus gracieux :

— *Mais oui, ces seins de neige !!!* La petite marquise en pouffant de rire :

— *Ah ! général ! charmant ! charmant !!....*

Quant à ces titres de l'Empire, il ne faut pas croire que les vieux fossiles de l'ancien régime les admettent parmi eux ; ils appellent cela la noblesse *de plumes*, à peu près comme on disait jadis, des charges de secrétaires du roi et d'échevins, qui n'étaient que *savonnettes à vilains*..

J'avais été présenté par l'abbé de Vienne, chanoine de Notre-Dame, au général D...., homme fort gracieux, comte de l'Empire, mais qui n'était rien moins que pair de France, général de division, commandant la cavalerie légère de la garde royale, et premier aide de camp de M. le comte d'Artois.

Un jour, je déjeunai chez un de mes bons camarades des gardes du corps de Monsieur, devenu lui-même général, nommé L....., il y avait deux dames à la table, Madame L......, jeune encore, et l'autre vieille et avec un air assez révêche. Je remarquai que le camarade L..... tarabusta assez ces dames, et en sortant de table je lui en fis l'observation. — Ah ! me répondit-il, c'est qu'il faut les mettre au pas, et sais-tu que cette vieille que nous avions en face, la fière S..... T....., lorsqu'il s'est agi de mon mariage, s'écriait comme un énergumène : « *Le premier un D......, le second un L......, le troisième sera évidemment un palefrenier.*

CHAPITRE XXX.

J'étais mis en disponibilité, ce qui dura, je crois, environ
un an, et ce fut le temps le plus heureux de ma longue servitude militaire.

Je n'avais plus de punitions à infliger, d'observations,
réclamations, récriminations à entendre, d'admonestations
venant d'en haut à subir, d'inspections à faire; l'air m'entrait dans la poitrine à pleins poumons, j'étais libre enfin.

J'allais souvent voir un ingénieur, homme aimable et
sympathique, et que j'ai perdu quand il était bien jeune
encore. Il était alors chargé de construire le pont de ceinture en amont de Bercy, et j'étais un matin à déjeuner avec
lui; le lendemain, l'empereur Napoléon devait faire son
entrée triomphale dans sa bonne ville de Paris, retour de
Bordeaux, où il avait lancé son mot si habile politiquement
parlant et toutefois si mensonger, de : « *l'Empire, c'est la
paix.* » Le chef des ateliers se présente au nom des ouvriers, qui, par parenthèse, n'étaient pas très-contents,
parce qu'on ne leur donnait que la moitié de leur paye
pour le grand jour; il demande à M. l'Ingénieur ce qu'il
faudra mettre sur la bannière.....

Mon ami, qui n'était rien moins que bonapartiste, de

répondre : « *Laissez-moi tranquille ! et mettez-y....., ce que vous voudrez.*

Le contre-maître s'en allait en riant, lorsque je l'arrêtai et je lui dis : Mettez : *Jésus a sauvé le monde, Napoléon sauve la France !*

Et le contre-maître de s'en aller en riant encore plus fort : ce qui n'empêche que ces paroles mémorables furent inscrites, le lendemain, sur la bannière des ouvriers du pont de Ceinture.

Il paraît que cela fut trouvé tout naturel et mis le lendemain dans tous les journaux.

Du reste, cela n'avait rien de singulier, dans un pays où un haut fonctionnaire avait hier eu l'audace de dire à brûle-pourpoint et en face à l'empereur n° **1** que : *Dieu après avoir créé Napoléon s'était reposé.*

Quant à moi, pour récompense d'avoir inventé la nouvelle platitude ci-dessus, je ne sollicitai pas même une rosette à ma boutonnière ; mais il faut avouer qu'on se moque bien souvent des princes à leur barbe.

La cérémonie eut lieu le lendemain, mais on prit de grandes et sages précautions : ainsi les piétons ne pouvaient circuler longtemps dans les contre-allées, car à chaque rue débouchant sur les boulevards, il y avait de fortes colonnes d'infanterie qui forçaient la foule à rentrer dans le centre de Paris.

· Du reste on avait raison de prendre ces sages mesures, car Napoléon allait passer devant la maison d'où la machine infernale de Fieschi avait lancé la mort et avait tué, entr'autres, le brave maréchal Mortier, tombé tout à côté du roi.

Je me rappelle parfaitement avoir lu dans l'ouvrage si

remarquable de Desmarets sur la police, que pendant la campagne de France, quelques-uns des gros bonnets de l'armée avaient ourdi un petit complot qui ne tendait à rien moins qu'à faire disparaître Napoléon le Grand comme feu Romulus ; qu'on en hasarda quelques ouvertures au digne maréchal qui les repoussa avec indignation.

C'était bien le même qui, en 1815, avait refusé de juger son frère d'armes le maréchal Ney. Il faut avouer que les princes font un périlleux métier : Napoléon Ier court les plus grands dangers par la machine infernale de la rue Saint-Nicaise ; en 1820, le duc de Berry tombe sous le poignard de Louvel ; quant au malheureux Louis-Philippe, il y a dix à douze tentatives d'assassinats, et ce n'est que par miracle qu'il échappe au fusil du garde-chasse Lecomte, embossé derrière un mur à hauteur d'appui et dont le pied a glissé sur une fascine.

Les gens superstitieux en étaient venus à croire que la Providence veillait sur les jours de ce prince.

Napoléon III lui-même est sous le feu de la machine infernale d'Orsini, aux portes de l'Opéra.

CHAPITRE XXXI.

Nous étions, si j'ai bonne mémoire, entre 1853 et 54 : on n'avait pas encore eu le temps d'embellir Paris, c'est-à-dire de le mettre à sac et de le livrer au pillage des expropriations ; la pioche de M. Haussmann ne l'avait pas encore étripé et éventré ; jusqu'alors l'édilité n'avait pas permis qu'on élevât ces horribles baraques à six étages, couronnées par des toits en zinc avec leurs façades prétentieuses, et horreur ! sur les derrières des bâtisses si rapprochées, si juxtaposées qu'il en résulte des cloaques immondes, exhalant des odeurs méphytiques, des foyers infects de putréfaction, si bien que pour peu qu'on tarde à y porter un prompt remède, Paris deviendra bientôt *la capitale de la peste et du choléra.*

Pauvre Paris si cher à Montaigne qu'il en *aimait jusqu'aux verrues* : et penser que chez nos voisins d'Outre-Manche il faut un bill du Parlement pour exproprier la moindre masure, tandis que chez nous, le moindre maire de village s'est cru un petit Haussmann et veut faire aussi des embellissements. (Aujourd'hui même je suis en procès pour une masure que j'ai dans un village de la banlieue où il ne passe pas douze personnes par jour et où l'on veut m'enlever quelques ares de terrain à mon jardin pour obtenir une ligne droite, la ligne droite étant très en faveur aujourd'hui.)

Il existe une petite rue de Mezières qui débouche de la place Saint-Sulpice à la rue Cassette et qui a été prolongée jusqu'à la rue de Rennes. Eh bien, qu'on se mette sur le prolongement et par une espèce de fissure qui n'a pas plus de 50 centimètres d'ouverture, votre œil pourra discerner dans l'ombre entre deux murs et à plus de 10 mètres de profondeur quelque chose ayant l'air d'une croisée prenant son jour comme si elle était au fond d'un égout ou d'un puits.

Je ne crois pas qu'il y ait rien de pareil, dans le monde connu, à cet échantillon de l'art architectural en France au dix-neuvième siècle. Avant qu'on soit venu entasser dans un terrain vague adjacent des montagnes de pierres qui déroberaient à tous les yeux ces turpitudes léthifères..... je prends la liberté d'inviter Messieurs les Membres de la Commission de salubrité publique, je les adjure, je les somme, au nom de l'humanité, de venir voir de leurs propres yeux ce monument hideux et authentique qui montre jusqu'à quel point la sordide cupidité des propriétaires peut pousser le mépris de la vie des hommes, avec la complicité d'architectes qui ne demanderaient pas mieux que d'entasser Ossa sur Pellion.

Pauvre Paris, serais-tu donc destinée à périr comme Sodome et Gomorrhe? et à défaut de feu du ciel, une seconde Commune, à qui on laissera le temps nécessaire, dix-huit mois s'il le faut, comme à l'époque de Monsieur Robespierre, se sera-t-elle chargée de la besogne?

Et puisque je me fais l'honneur de me mettre en communication avec Messieurs les honorables Membres du Conseil municipal de Paris, je prends la liberté de leur demander humblement s'ils ne jugeraient pas à propos, dignes émules de leurs collègues de Marseille, de républicaniser un peu cette fontaine de la place Saint-Sulpice, et de faire déguerpir des quatre niches qu'elles occupent, ces statues qui suintent un parfum de sacristie peu en rapport avec l'air libre que doit respirer le peuple souverain.

Je me hasarderai bien timidement à proposer de mettre à leurs places les statues de véritables patriotes, comme par exemple, celles de Barodet, Bonnet–Duverdier, Peytral et Mégy, et autres, *ejusdem farinæ*.

CHAPITRE XXXII.

Souvenir du 4e d'artillerie à cheval ; l'auteur est attaché à la Commission chargée d'expérimenter le système des caissons de l'artillerie anglaise.

Dans cette même rue Cassette, j'avais un splendide jardin dans lequel, au milieu de mes fleurs, je cultivais en grand la rhubarbe, dont les larges feuilles font un assez bel effet. Elle est très-connue en France (passe-moi la rhubarbe, je te passerai le sené) ; ce qu'on connaît moins, c'était l'art, que je cherchais à importer d'une excursion en Angleterre, de faire avec les tiges filandreuses et succulentes de cette belle plante une confiture aussi saine qu'exquise. Mais j'ai eu toutes les peines du monde à l'acclimater : le peuple français est le plus spirituel du monde, cela va sans dire, initiateur si vous voulez, mais en définitive fort routinier.

Il y avait déjà beaux temps que j'avais expérimenté le chemin de fer de Liverpool à Manchester que nous n'avions pas encore notre pauvre petit tronçon de Paris à Saint-Germain.

En 1825, je me rappelle qu'à la Sainte-Barbe nous chantions d'enthousiasme un couplet dans lequel nous portions un toast chaleureux à notre vaillante artillerie légère qui, bien que née longtemps après la prussienne, prouverait au besoin que la fille était en état de tirer autant de coups que sa mère.

L'année suivante nous en étions encore au système Gri-
beauval, avec des caissons en forme de corbillards qui
versaient et se brisaient dans les mauvais chemins, nous
crûmes devoir emprunter aux Anglais leurs caissons mo-
biles et maniables.

Mais il y avait des difficultés pour l'attelage, et mon
aimable colonel d'Esclaibes-d'Hust eut la bonté de m'ad-
joindre à une commission qui parcourut les environs de
Metz, Sarreguemines, Petite-Pierre et Bitche, tout ce pays
hélas ! ne nous appartient plus.

Nous pénétrâmes même par mégarde sur le territoire
prussien, au grand émoi des autorités, et de cette agression
involontaire nos artilleurs apportèrent un trophée, c'était
une très-jolie cargaison de tabac de contrebande que les
gaillards empaquetèrent soigneusement dans les caissons,
et, arrivés sur la frontière dans je ne sais quel village, ils
recommandèrent aux douaniers de bien veiller autour de
ces caissons, parce que la poudre pourrait tamiser et mettre
le feu au village.

Mais revenons à notre paradis, à notre oasis verdoyante
au milieu de Paris. Je m'entourai d'animaux, je me peuplai
une basse-cour, oiseaux, chiens, chats, etc. J'appris à les
connaître et à les aimer. On prête à madame de Staël un
mot : « *Plus on apprend à connaître les hommes, plus on
aime les bêtes* » ; et notre aimable et grand Lamartine disait
en regardant son lévrier : « *Dieu seul sait la différence
qu'il y a entre ton âme et la mienne.* »

C'est qu'en effet les bêtes ont l'instinct bien autrement
développé que nous, bien plus d'intelligence que nous le
pensons et dont nous ne pouvons nous rendre compte qu'en
les étudiant.

Il est sûr qu'elles n'ont pas inventé la boussole, la machine à vapeur, le télégraphe électrique et le téléphone ; mais elles n'ont pas inventé la poudre, le fulmicoton, le picrate de potasse, le fulminate, la dynamite, les torpilles, etc., il y a donc compensation.

Quant à l'âme, elles en ont bien plus que nous et décidément valent mieux que nous. Aussi j'admire dans l'œuvre de l'immortel Boileau ces deux vers qui valent un long poëme :

> « De Paris à Pékin, de Pékin jusqu'à Rome
> Le plus sot animal, à mon avis, c'est l'homme. »

Et en effet nous passons une partie de notre vie à faire des sottises, l'autre à nous en repentir et la troisième à recommencer si nous pouvons.

Autre pensée à la façon de La Rochefoucauld que je recommande au lecteur :

« *Nous rougirions de manquer à la parole que nous aurions donnée à un étranger, et dix fois par jour nous manquons à la parole que nous nous sommes donnée à nous-mêmes.* »

Heureux les pauvres d'esprit, car le royaume des cieux leur appartient ! et décidément il n'y a de bonheur ici-bas que pour les sots qui sont toujours contents d'eux-mêmes.

CHAPITRE XXXIII.

La grande découverte de M. Darwin, apportée pompeusement par M. Ernest Hæckel, le savant professeur d'Iéna.

A propos des bêtes, on me fait lire un article du journal *la France* du 2 septembre 1878, et j'avoue que je suis fier d'être Français quand je vois cette imposante réunion de savants, de philosophes, de naturalistes, d'anthropologistes qui viennent de tous les coins du monde au milieu de nous annoncer la grande nouvelle « qui est le plus brillant résultat du savoir humain : la doctrine généalogique sera célébrée dans les siècles à venir, comme ayant inauguré, pour le progrès de l'humanité, une ère nouvelle et féconde... »

Sortons enfin de la barbarie où étaient plongés nos ancêtres ; reconnaissons-le, Cuvier n'est plus qu'un suranné, un fossile, un rococo, et je remercie Dieu de m'avoir fait vivre jusqu'à quatre-vingts ans, quoique la journée ait été longue et pénible, pour apprendre avant de fermer les yeux, pour savoir, de science certaine, de la bouche du savant professeur d'Iéna, M. Ernest Haeckel, que :

« Je proviens à n'en pas douter d'un ancêtre qui descendit d'un quadrupède velu, muni d'une queue, d'oreilles pointues, et qui habitait dans les arbres ;

« Que je suis un mammifère ainsi que la chauve-souris,

un vertébré dont la colonne dorsale se termine par un coccyx, qui n'est que le rudiment de la queue que nous tenons de notre état ancestral (*sic*) ;

« Que je suis un marsupiau à poches, si bien que j'en ai une qu'on appelle le cœcum et qu'on n'a pas encore appris à retrancher, bien que cette poche, appendice plus qu'inutile, est aussi nuisible même à tel point que, dans certains cas bien observés, on l'a vu causer la mort ;

« Que je suis privé de cette troisième paupière interne qui se ferme comme un rideau sur l'œil de l'oiseau, et que je la regrette bien sincèrement, car il est probable que si je l'eusse conservée je ne serais pas aux trois quarts aveugle, comme j'ai le malheur de l'être aujourd'hui. »

Quand l'humanité tout entière sera convaincue de ces vérités par la voie *tératologique*, ce que je traduis dans mon ignorance par la science et la divination des prodiges qui échappent au vulgaire, elle sera rédimée de son antique barbarie et nous serons en plein âge d'or.

J'ai bien cependant quelques petites réserves à faire : pour appuyer son système, M. Darwin ne manque jamais d'affirmer qu'il y a moins de différence entre un chimpanzé ou orang-outang et un Câpre ou un Hottentot qu'il n'en existe en réalité entre un blanc et ces derniers.

Tout le monde connaît l'aventure de Candide : Il arrive dans une île et il voit une jeune fille qui fuyait, poursuivie par un singe. — Il le tue.... Mais ne voilà-t-il pas que la belle, semblable à la nymphe qui...*fugit inter salices et se cupit ante videri,* éplorée se jette sur le corps du quadrumane... c'était son amant ! !

Le singe est très-libertin comme sa digne progéniture ; or de ces rapprochements qui ont dû être fréquents entre individus qui se touchent de si près qu'ils sont à peine dissemblables, M. Darwin ne peut exhiber aucun résultat probant.

Autre considération. — Un blanc avec une négresse procrée un mulâtre ou une mulâtresse, un nègre avec une blanche procrée un capre ou une capresse, lesquels se reproduisent parfaitement ; tandis qu'un cheval qui a sailli une ânesse procrée un mulet et l'âne saillissant une jument procrée un bardeau.

Or, mulet et bardeau ne se reproduisent pas : ce qui prouve, ce nous semble, que la nature ne veut pas que les espèces se confondent, et cela se conçoit, car sans cette sage loi le monde serait peuplé de monstres et de bêtes apocalyptiques.

Cependant on vient de m'affirmer qu'au jardin d'acclimatation, des savants... la science est si puissante !... étaient parvenus à obtenir des reproductions de ces animaux regardés depuis des siècles comme hybrides.

Pour mon compte, j'avoue mon ignorance, et je n'y croirai que lorsqu'on me les fera toucher du doigt, et je crois qu'il en est à peu près d'elle comme du *fruit incestueux de la carpe et du lapin* et dont on ne m'a jamais montré, à la foire, que la carpe et le lapin.

En tous cas, messieurs les savants, s'ils ont le secret de faire reproduire les espèces hybrides, ils sont bien cruels, s'ils ne divulguent pas leur recette pour toutes ces femmes qui meurent de consomption faute de ne pas avoir d'enfants.

Cela me rappelle une anecdote de mon enfance : M. Dubois le père, celui qui a accouché Marie-Louise, excellent homme, aux formes un peu rudes, mais bon pour le pauvre monde, racontait devant moi (et l'enfant terrible ouvrait bien les oreilles), qu'une dame, dont il taisait le nom, était venue le trouver tout éplorée... elle voulait à toute force avoir un enfant.

— Eh bien, madame, lui aurait-il dit, il faut engager votre mari à faire un petit voyage, qu'il ne prenne pas de distractions en route, et au retour vous verrez...

— *Mais, mon Dieu, monsieur, je l'ai fait.*

— Eh bien, madame, il faut aller aux bains de mer avec lui...

— *Eh ! monsieur, j'en ai essayé...*

— Madame, vous m'embarrassez... voyagez... allez en pèlerinage à Notre-Dame d'Auray.

— *Eh ! grand Dieu, monsieur, j'ai été à Notre-Dame-d'Auray et même à l'abbaye de Charroux.*

Le brave docteur commençait à s'impatienter : — Il faut... il faut, changer de mâle.

— *Je l'ai fait, monsieur !!!*

— Alors, que diable ne me le disiez-vous, allez vous promener.

Si le docteur Darwin, plus habile que tous nos médecins, avait un spécifique *ad hoc*, combien le beau sexe lui élèverait des autels.

Monsieur A. Dumas fils a été un précurseur ou peut-être un plagiaire de M. Darwin, en tous cas, il a donné une solution beaucoup plus logique de l'évolution transformiste.

Il nous raconte en quelques mots la Genèse : Primitivement, l'homme avait été créé homme et femme, mais plus tard, Dieu lui tira la femme d'une de ses côtes, « plongé dans un sommeil mystérieux »........ *et ce fut son dernier repos,* dit un centon du moyen-âge.

J'offre de plus, au lecteur, le sonnet de Sarazin à M. de Charleval :

> Lorsqu'Adam vit cette jeune Beauté
> Faite pour lui d'une main immortelle,
> S'il l'aima fort, elle de son costé
> (Dont bien nous prend) ne luy fut pas cruelle.
>
> Cher Charleval, alors en vérité,
> Je croy qu'il fut une femme fidelle ;
> Mais comme quoy ne l'aurait-elle esté ?
> Elle n'avait qu'un seul homme avec elle,
>
> Or en cela nous nous trompons tous deux,
> Car bien qu'Adam fût jeune et vigoureux,
> Bien fait de corps et d'esprit agréable ;
>
> Elle aima mieux pour s'en faire conter,
> — Prester l'oreille aux fleurettes du Diable,
> Que d'estre femme et ne pas coqueter.

Pauvre chère mère Ève, ... tu n'as en définitive péché que par gourmandise et par curiosité ; en mangeant la pomme, tu nous a dotés du péché originel..... Mais l'homme !! de lui les savants ont dit que c'était une intelligence servie par des organes.

Le vulgaire : Qu'il est un bipède sans plumes, qu'il boit sans soif et fait l'amour en tous temps.

Et moi je dis : Qu'il est un être *insociable* qui cependant ne peut vivre qu'en société.

Et la preuve, c'est qu'il n'y avait que trois hommes dans ce bas monde et que le dernier venu, Caïn, tue avec un tison ardent son frère Abel, parce que le sacrifice de ce dernier avait été plus agréable à Dieu que le sien. — Et ce, par basse envie et atroce jalousie.

Caïn chassé du paradis, selon M. A. Dumas, est réduit à s'accoupler avec des femelles de l'espèce simienne, d'où, M. Dumas le dit en propres termes, une nombreuse progéniture de *guenons rectifiées*, qui propagent à l'envi chez nous l'évolution, c'est-à-dire un nombre toujours croissant de petits ouistitis, mâles et femelles qui, il faut l'espérer, se rectifieront de plus en plus.

Somme toute, je ne suis pas loin de croire que le Darwinisme rejoindra bientôt les tables tournantes et le spiritisme.

CHAPITRE XXXIV.

La Vivisection. — **Mention honorable décernée**, par la Société protectrice des animaux, à l'auteur. — Souvenir partant du cœur adressé à l'honorable et si regrettable **M. Valette**, président de la Société.

Je suivais le cours du savant professeur Flourens, au Jardin des Plantes, et je fus témoin des tortures horribles qu'on infligeait à de pauvres chiens attachés sur une table, par les quatre pattes, et sur lesquels on pratiquait des incisions pour retrancher tantôt un nerf de la locomotion, tantôt un nerf de la sensibilité. Ce spectacle me fit une telle horreur, qu'en arrivant chez mon bon et excellent camarade, le général de Courtijis, j'allais me trouver mal comme une femmelette, s'il ne m'eût réconforté avec une excellente bouteille de Madère.

Mais ce spectacle m'avait laissé une si forte impression que dans un ouvrage, que je publiai plus tard sous le titre de *Paris moderne* ou *Novutopie*, je fis un chapitre véritablement émouvant sur la vivisection.

Et je fus fort étonné de voir un jour que la Société protectrice des animaux, dont j'ignorais tout à fait l'existence, me décernait une mention honorable. Naturellement je me fis recevoir dans l'honorable Société, et je crois m'être grandement acquitté envers elle, car, je le dis avec fierté, c'est moi qui ai eu l'honneur de lui présenter, en qualité de parrain, M. Valette, qui fut son président pendant huit ans.

Un ami de la famille, dans une notice qui n'est rien moins qu'un chef-d'œuvre, a dit de lui : « *qu'il a honoré la France par ses écrits comme jurisconsulte, par ses talents comme professeur, par son intégrité comme homme public, par ses vertus comme citoyen.* »

On ne peut pas mieux résumer la vie de celui qui m'a semblé le type le plus accompli de l'homme de bien, du savant professeur, en un mot, de l'homme qui m'ait donné le plus l'idée de la perfection ici-bas. A son enterrement, de vraies larmes humectaient tous les yeux ; et ce n'est pas parce qu'il m'honorait de son amitié que je m'exprime ainsi ; c'est uniquement pour rendre hommage à la vérité.

CHAPITRE XXXV.

Abus tous les jours croissants des distributions de croix. — M. le
maréchal Gérard. — Question de l'inamovibilité de la magistrature.
Travail fait en 1848, intitulé : *Réorganisation de l'Ordre juaiciaire,
Rétablissement du Divorce.*

Je ne dirai pas, comme M. Prud'homme, que cette
mention honorable arrivée si inopinément fut le plus beau
jour de ma vie ; mais j'avouerai qu'elle me flatta et qu'elle
me fit beaucoup plus de plaisir que la croix d'officier qu'on
laissa tomber, comme un chevron, sur ma boutonnière, à
l'instant où je fus admis à jouir du bénéfice de la retraite,
le 1ᵉʳ janvier 1857 : j'étais membre de l'ordre depuis 1832.
C'est qu'on fait tous les jours un abus si ridicule des déco-
rations que bientôt le ruban de la Légion d'honneur deviendra *un collier à toutes bêtes*, comme on disait de la
croix de Saint-Michel avant la Révolution.

J'ai entendu bien des fois le maréchal Gérard, quand il
était à la chancellerie, gémir sur la profusion de croix.

Je me rappelle avoir lu, vers 1862, qu'on en comptait
cent soixante-treize mille en France. — Combien doit-il y
en avoir aujourd'hui !!!

C'était le brave Gérard, qui, à Waterloo, excitait à marcher vers le canon le maréchal Grouchy qui, trompé par un rideau de troupes laissé par Bulow, déjeunait tranquillement à Wavres.

Ah ! c'était un véritable homme de guerre, et avec cela si simple et si bon. Il m'avait pris en amitié, bien que je l'eusse traité un peu cavalièrement peut-être dans une brochure que je lançais en 1832, sous le titre de : « *Réponse à M. de Châteaubriand par un soldat.* »

Je commençais à être un peu bien las du noble métier des armes, depuis qu'en 1828, pour avoir fait imprimer quelques mots sur le corps d'État-Major, fort innocents et qui n'étaient que l'expression de sentiments généreux, on m'avait privé de mon rang de capitaine et mis en quelque sorte à l'index de l'armée... Depuis que j'avais, en 1830, déserté mon régiment au péril de ma vie, et que je voyais tant d'autres se poser en victimes, réclamer et obtenir de l'avancement.

Quitter l'armée, c'était chose facile, mais ma pauvre et vénérable mère avait fait tant de sacrifices, *res angusta domi*, pour payer mes chevaux et mes uniformes, que je me mis à travailler comme un forçat pour m'ouvrir une nouvelle carrière et pour conquérir, à l'école de droit, du moins, les grades qu'on me refusait dans l'armée, en récompense de mon travail sur la législation, que je publiais en 1843.

Le bon maréchal Gérard m'avait promis d'aller chez le garde des sceaux pour obtenir qu'on me donnât une position plus en rapport avec mon âge et mes services. J'étais depuis plusieurs années à la tête de l'auditorat et je sollicitais d'être nommé maître des requêtes en service ordinaire, car, *tantum valent quantum sonant*, et le service extraordinaire ne faisait nullement mon affaire.

Je rencontre mon bon maréchal sur le pont Royal, tout près du guichet des Tuileries, je cours, et tout haletant :

— Eh bien ! monsieur le maréchal ?...

— Ah ! il m'a dit beaucoup de bien de vous...

— Eh bien ? repris-je...

— Ah ! il m'a dit trop de bien de vous... c'est qu'il ne veut rien faire...

Et il me quitte. Tout abasourdi, je songeai à la profondeur de son observation.

Si M. le Ministre de la Justice eût voulu faire quelque chose pour moi, il eût dit : « Monsieur le Maréchal, j'avais des engagements, mais il n'est rien que je ne fasse pour vous, etc. »

Et penser que c'est un homme en France qui tient dans ses mains tout l'avancement du Conseil d'État et de la magistrature. La plupart du temps, un avocat, comme MM. Barthe et Mérilhiou, fort aimables gens, ou comme ce pauvre M. Teste que j'aimais tant et à qui j'écrivais : « Vous êtes certes trop maladroit pour être un malhonnête homme », ou encore comme M. Hébert, peu commode, ou comme M. Dufaure aujourd'hui, en un mot, la plupart du temps, un avocat qui a gagné ses éperons en plaidant des procès politiques dans un journal en renom, qui le paye en réclames.

Mais à peine ont-ils eu le temps de se caser, eux et les leurs, qu'on les bat en brèche.

Beaucoup de gens se figurent être en République parce qu'ils voient sur les murs l'étiquette R. F., parce qu'on célèbre des fêtes aussi ridicules que ruineuses et qui ont le tort de rappeler les époques les plus sinistres de notre histoire ; mais en réalité, nous sommes encore sous beaucoup de rapports au temps du grand roi ou à celui du grand empereur, à cette différence près que le premier gardait Colbert, Louvois, de Torcy, Vauban, etc., etc., et le second avait son immuable Cambacérès à la justice, Fouché et Savary à la police, Talleyrand aux relations extérieures, tandis que chez nous, c'est un changement à vue d'œil continuel de gouvernements, constitutions et ministres, si bien que ce qu'on n'a jamais dit de mieux c'est *qu'en France on change toujours et que c'est toujours la même chose.*

Puis, il prend des paniques dans ce pays de la bravoure, et alors le cri de *sauve qui peut* court sur toute la ligne.

La première a duré rien moins que dix-huit mois, elle s'appelle *la Terreur.*

Après 1814 et 1815, il faut y avoir assisté, pour se rendre compte du degré de prostration et d'affolement dans lequel le pauvre peuple était tombé, et ce qu'il y a de plus curieux encore, c'est lorsque en 1848, époque la plus heureuse qu'ait jamais eue la France alors pourvue d'une armée dévouée avec des finances en bon état, un malentendu avec un *alea jacta est* vint nous improviser la République au grand ébahissement de la cantonade et surtout de ceux qui en furent les auteurs inconsciemment.

Les fonds descendus à 50 %, les hôtels du noble faubourg désertés et se vendant à vils prix, telle fut l'aurore de cette nouvelle République.

Mais après chaque révolution, il y a un autre cri qui, s'il n'est pas crié sur les toits, n'en est pas moins le mot d'ordre, c'est celui de : *ôte-toi de là, que je m'y mette.*

C'est ce cri qui a produit *la Curée,* ce chef-d'œuvre de l'immortel M. Auguste Barbier, qui aujourd'hui se repose doucement sur son fauteuil au palais Mazarin.

Dans cet instant on s'en prend à la magistrature et à son inamovibilité.

Ayant pris femme dans la magistrature j'étais mis à même d'étudier la question : combien de fois n'ai-je pas assisté à des scènes d'intérieur ; je crois encore entendre une petite voix douce dire : « *Mais papa, si tu ne fais rien, voilà les vacances qui arrivent, les Chambres vont revenir, et ce sera encore manqué pour cette année......* »

Le papa d'un ton lamentable : — Mais, ma fille, j'ai encore été hier chez le Garde des Sceaux....

— Eh bien, petit papa, faut y retourner demain, sans quoi le *mouvement* ne se fera pas.

Or, il faut que nous apprenions au vulgaire ce que c'est qu'un *mouvement*. Il s'agit, je suppose, d'un conseiller à la cour de cassation, ou mieux encore d'un président de section à ladite cour ; alors c'est un bien beau *mouvement !* Parents et amis entourent le titulaire, au besoin on lui dépêche le médecin de la famille, et on cherche à le persuader que son état de santé exige du repos et qu'il est temps pour lui de mettre un intervalle entre la vie et la mort et de jouir enfin de l'*otium cum dignitate*. D'ailleurs, il sait bien que ce n'est qu'à ce prix, que son fils ou son gendre, faisant ses premières armes en province, pourra revenir enfin à Paris.

M. B. qui est lui-même président de chambre à la cour d'appel consentira à aller prendre le service plus doux et plus modeste de la cour de cassation où il n'y a que deux ou trois audiences au plus, par semaine.

Mais il fait ses conditions, il faut que M. son fils, qui n'est certes pas à la tête du tribunal de première instance, soit admis à la cour d'appel.

Tout ce monde, hommes et femmes, se mettra en mouvement auprès de M. le Garde des Sceaux, d'autant mieux qu'ils se sentent appuyés par M. C. qui a le bras long.

Celui-ci leur dit : « Il faut battre le fer pendant qu'il est
« chaud ; entre nous, je crois que notre Garde des Sceaux
« branle dans le manche et je ne veux pas le laisser partir
« avant que mon petit-fils ne soit colloqué. Je suis on ne
« peut mieux avec M. le Procureur Général qui m'a bien
« offert de le prendre à son parquet, mais, mon petit-fils
« est un peu gauche, il n'a pas la parole en main, et
« puisque nous ne pouvons le faire tenir debout, asseyons-
« le ; nommé juge suppléant, et il sera inamovible. »

Je fus présenté à un éminent magistrat à qui j'avais fait hommage de mon travail sur la législation ; il eut la bonté de me dire qu'il avait lu d'un bout à l'autre mon livre (600 pages in-8°, environ). J'avoue que ce compliment me flatta, me venant d'un homme qui à une si grande expérience, un si profond savoir, unissait tant d'aménité et de bonhomie. A côté de lui sa digne compagne, si spirituelle sans prétention, si naturellement bonne, et à qui aucune vertu ne manquait....

Je fus heureux et fier d'être admis dans leur intimité et j'ai passé de bien doux instants auprès d'eux.

Il était entré bien jeune à la Convention, mais ses mains étaient pures de sang et il n'avait pas voté la mort du malheureux Louis XVI. Quelle ample moisson de souvenirs ! Il me racontait qu'un jour, il s'était trouvé chez un libraire du quai Malaquais en présence d'un juré du tribunal révolutionnaire, et qu'il avait eu la curiosité de s'enquérir auprès de lui, comment il pouvait suffire à la besogne journalière qu'il devait dépêcher. — « Rien de plus simple,

« lui avait répondu le digne juré, on remet à chacun de
« nous, une liste avec les noms des prévenus, et ceux
« d'entre eux qui ont une croix, nous les condamnons,
« parce que vous comprenez bien, ils sont désignés par le
« citoyen Robespierre qui sait à quoi s'en tenir sur leur
« compte ; quant aux autres, nous faisons comme nous
« l'entendons, mais cela prend plus de temps. »

Notez que ces bons jurés n'avaient pas été désignés par
le sort, mais ils étaient des machines à condamnations,
inamovibles, pendant les dix-huit mois de la Terreur.

Le bon président était peut-être, il faut l'avouer, un
peu avare de son crédit qu'il avait peur d'user en me
recommandant, et dont il avait besoin pour les siens ; mais
il avait l'extrême bonté de m'inviter lorsqu'il donnait un
dîner aux gros bonnets de l'ordre et voire même à Sa Grandeur le Garde des Sceaux. C'était quelque chose pour moi
qu'on me vît ainsi patronné par lui.

Il demeurait dans mon voisinage et il fut une année très-
assidu à aller place Vendôme et il me prenait dans sa
voiture. Arrivés à la Chancellerie, il me lâchait à la porte
du salon, et je faisais non pas le métier de solliciteur, car
j'étais trop rogue, trop maladroit pour ce rôle, mais je
faisais celui de spectateur. Et je puis dire que je n'ai vu, nulle
part, compétitions, sollicitations aussi âpres que celles
qui s'étalaient devant mes yeux : de la capitale, de la province, les solliciteurs ayant sous les pieds un échelon solide,
celui de l'inamovibilité et s'élançant à toute force pour
ascender plus haut.

L'hiver suivant, je lui dis un jour : « Eh bien, M. le Président, est-ce que nous n'irons pas cette année chez le Garde
des Sceaux ?.... » Et lui de me répondre : « Moi, que j'aille

chez ce.......... » (Je traduis l'épithète en latin : *insignis nebulo.*

A ces mots je restai tout abasourdi et lui dis : « Mais, M. le Président, vous êtes tout à fait dans les principes du duc de Villeroi : *Les ministres, je leur tiens le pot de chambre tant qu'ils sont en place, quitte à les en coiffer après.* »

De mes observations, je conclus, qu'en France, les hommes valent encore mieux que les institutions ; que le recrutement de la magistrature est à changer ; que l'inamovibilité n'est nullement une garantie d'indépendance lorsqu'à côté il y a un désir incessant de changer et d'avancer.

C'est dans ces idées que je fis, en 1848, un petit travail, ayant pour titre : *Réorganisation de l'ordre judiciaire, rétablissement du divorce.* Cette brochure, qui ne manquait pas de trait et de portée, fut mise en dépôt chez le libraire Ladvocat et l'édition fut tout de suite enlevée ; mais le célèbre libraire qui donnait des diners splendides à toute la presse avec nids d'hirondelles, alors fort en vogue, fit tout à coup faillite, je n'en tirai pas un sou et à peine pus-je sauver un ou deux exemplaires de cette brochure, qui sans cela aurait pu être rééditée. (Je n'ai jamais eu de chance.)

L'élection est le principe de toute République ; elle est le pivot autour duquel tout gravite, ou si vous aimez mieux la cheville ouvrière de tout l'engrenage.

A Rome, on ne trouve pas une pierre qui ne porte S. P. Q. R. *Senatus Populus Que Romanus,* ce qui n'empêche pas que le Sénat était tout et le peuple à peu près rien. La vile multitude, comme dit M. Thiers, était reléguée dans les dernières tribus, qui ne votaient guère que pour la forme ; c'étaient les prolétaires, c'est-à-dire, gens bons à *prolem dare*, à donner de la progéniture.

Venise était également une République oligarchique à outrance. C'étaient les Dix et les Patriciens qui régnaient.

L'année dernière, nous avons pu aux États-Unis, à propos des grèves, voir jusqu'où l'abus de l'élection peut mener un pays : meurtres, pillages, incendies, des autorités en connivence avec les insurgés et les milices se joignant à eux.

Cependant, en 1848, puisque nous inaugurions une seconde République, j'en admettais les principes dans mon travail sur la magistrature et je la faisais élire par une Assemblée de notables ou de délégués, parmi les gradués, bien entendu.

Ces magistrats ne devaient fonctionner que pendant trois ans, et ce n'était qu'à une troisième réélection qu'on leur conférait l'inamovibilité.

Quant à l'avancement, c'étaient les compagnies elles-mêmes qui élisaient leurs présidents et vice-présidents, *primi inter pares*.

Je ne me rappelle pas bien comment je formais une haute Cour suprême, toujours au moyen de l'élection, par une Assemblée mi-partie de magistrats, de notables et des autorités locales.

Quant au jour présent, nous avons une magistrature inamovible, et je ne pense pas qu'on s'avise d'y toucher, car nous pourrions nous en trouver mal.

M. Gambetta a pu, d'un trait de plume, détruire les Conseils généraux et les Municipalités lors de sa dictatature ; mais alors il était soutenu par les Prussiens, c'est-à-dire par la guerre et on se pressait autour de ce qui ressemblait à un gouvernement quelconque. Et il est bien probable qu'une nouvelle magistrature improvisée nous ferait amèrement regretter celle que nous avons en ce moment.

Cejourd'hui 21 octobre 1878, nous voyons que M. Dietz-Monin, nommé chevalier de la Légion d'honneur le 10 avril 1877, vient d'être promu au grade d'officier, pour *services exceptionnels* : c'est peut-être lui qui, de concert avec M. Le Play, aura donné l'idée de la Loterie Nationale.

Sa Majesté Napoléon III, à son glorieux avénement, débuta par faire main-basse sur les biens de la famille d'Orléans. Ce fut alors que M. Dupin qui, s'il n'avait pas beaucoup de caractère, avait beaucoup d'esprit, lança ce mot qui fit fortune : « *C'est le premier vol de l'aigle !* » C'était après tout quelques millions ramassés terre à terre. Notre République a le vol bien plus hardi, elle porte son drapeau dans les nues, et fait monter sa loterie jusqu'à douze millions ; pendant qu'elle est en train, je ne vois pas pourquoi elle ne mettrait pas aussi le Trocadéro en loterie : manière de terminer son différend avec le Conseil Municipal.

Après cela le bon peuple n'est pas en droit de se plaindre de cet impôt frappé sur la bêtise humaine, puisqu'il est libre de ne pas le payer.

Du reste, il en est de ce dernier comme des impôts de consommations, que j'ai tant entendu prôner par des économistes du ministère des finances : On les paye sans y penser et après tout on peut s'en affranchir en..... se serrant le ventre.

Ce qu'il y a de certain, c'est que les impôts de consommations engendrent fatalement l'abâtardissement de l'espèce — que les fêtes, expositions, loteries, subventions théâtrales, monopoles et frais de justice amènent la ruine et la dépopulation d'un pays.

Mais aussi, le budget se porte bien ; les parties prenantes battent des mains à tout rompre et le populaire imbécile lui-même est fier d'être Français, en contemplant ce gros bouffi rebondi..... il va répétant, il y a bien de l'argent en France et nous nageons en pleine prospérité publique.

CHAPITRE XXXVI.

Question du rétablissement de la loi du Divorce. — Sous l'Empire, les cultes réunis aux beaux-arts, dans les mains de M. le ministre Maurice Richard. — Aujourd'hui les cultes réunis à l'instruction publique, sous la tutelle de M. Bardoux.

Il y a encore une question qui me tient fort à cœur; c'est celle du rétablissement de la loi du divorce. Mais, malheureusement, elle a été mise sur le tapis et patronnée par des gens qui gâtent tout ce qu'ils touchent et qui perdraient les meilleures causes; je veux dire quelques radicaux et intransigeants à tous crins.

Ici je le répète, je ne puis admettre qu'une législation, quelle qu'elle soit, puisse infliger un supplice aussi cruel et condamner un honnête homme à voir traîner dans la boue ce qu'il a de plus cher au monde, c'est-à-dire son nom, par une misérable qui s'en pare, qui l'exploite et le déshonore et cela sans pouvoir le lui enlever.

Eh bien, il y a quelque chose de pis encore; c'est le sort de la jeune fille que des parents, qui n'ont guère pensé qu'à l'apport figurant chez le notaire, ont unie à un libertin, un joueur, et je le suppose, un escroc; et qui est condamnée toute sa vie à traîner un nom taré, réduite au sort des vieilles filles mises au rebut; et cependant elle est jeune encore, belle, spirituelle, remplie de talents, *et deux rôles lui restent à désapprendre, ceux de femme et de mère.*

Attendons cependant les événements. — Je trouve ces derniers mots dans une lettre qui m'a fait saigner le cœur et j'avoue que je conçois qu'on s'expatrie et qu'on aille chercher asile chez n'importe lequel de nos voisins pour s'y faire naturaliser et oublier cette France qui, seule de tous les pays de l'Europe, a une pareille législation.

Tout cela n'empêche pas que nous ne soyons continuellement en admiration devant nous-mêmes.

Notre grand poëte, M. Victor Hugo, ne nous disait-il pas dernièrement à propos de Voltaire : « *La France se lève et se révèle la reine des nations !!!* » Oui, la reine des nations en ce qui concerne l'article modes de Paris, les couplets et quolibets. Il faut pardonner au poëte, c'est une réminiscence de collége : *incessu patuit dea.*

Il faut avouer que Sa Grandeur le Garde des Sceaux, car c'est ainsi qu'on l'appelait de mon temps, avait une rude besogne, puisqu'il était chargé en même temps des cultes. Il devait rester en bons termes avec Monseigneur Chigi, nonce du Pape, tempérer l'effervescence de Monseigneur d'Orléans et refréner la fougue de Monseigneur de Bonnechose, qui s'exclamait à la Chambre des Pairs : *Mon clergé, c'est mon régiment, quand je lui dis de marcher, il marche,* etc...

Mais il n'y a peut-être qu'en France qu'il soit venu à un gouvernement une idée aussi drôlatique que celle de faire un ministère des Beaux-Arts accouplé à celui des Cultes : le Paganisme et le Catholicisme mis dans la même boîte. Cet horrible Jupiter prenant la figure de Diane pour séduire la nymphe Calisto ou en cygne pour donner le jour à Castor et Pollux, etc., de compagnie avec Jéhovah et notre doux Jésus-Christ ; Guido Reni et l'Arétin à côté de Raphaël et du Corrège ; les Dialogues des Morts de Lucien à côté des Saints-Évangiles.

C'est cependant ce que nous avons vu sous l'Empire, pendant le court ministère de M. Ollivier et le titulaire du ministère des beaux-arts et des cultes, M. Maurice Richard, a eu le temps de gagner le gros lot, puisqu'il a épousé la riche héritière du Gagne-Petit, jadis humblement blotti dans la rue des Moineaux, et qui s'étale aujourd'hui majestueusement sur l'avenue de l'Opéra.

Dans ce moment, c'est M. Bardoux qui est chargé des cultes. Or, M. Bardoux est évidemment un homme d'esprit, et j'ai retenu de lui une phrase qu'on me lisait et qui prouve surabondamment sa connaissance profonde des hommes et des choses : « Que de véritables grands hommes en politique comme en littérature ne sont jamais populaires ! »

Et en effet, le populaire nous fait parfois de singuliers grands hommes ; il leur attache des sonnettes, et combien n'avez-vous pas entendu répéter : Carnot, organisateur de la victoire ; Thiers, libérateur de la France.

Le citoyen Carnot a fait un ouvrage fort estimé sur la défense des places, mais on n'a jamais organisé la victoire du fond d'un cabinet, car un poste de quatre hommes et un caporal surpris peut influer sur le sort d'une bataille, et une bataille perdue influer sur toute la campagne.

En passant, nous ne pouvons nous empêcher de regretter qu'un homme de la valeur de M. Carnot se soit rendu solidaire des meurtres commis par le Comité de salut public, en y apposant sa signature.

Quant au libérateur de la France on connaît le truc des souscriptions irréductibles ; l'emprunt fait prime et on va toucher la différence, et il est facile de se faire par ces moyens une nombreuse et bruyante clientèle (Voir les jugements intervenus dans les affaires Hugelman et Troncin du Mersan).

Quant à l'homme lui-même, plus on le mesure et plus on le trouve petit ; plus on le pèse et plus on le trouve léger, en dépit de ses vingt volumes d'histoire tronquée et travestie. Mais j'oubliais encore un autre grand homme que la France a perdu quelques mois après, car la mort a des rigueurs à nulle autre pareilles, le célèbre Raspail.

Pour ce dernier, je me contenterai de dire comme Guy Patin qu'on consultait à propos de remèdes : « *Prenez-en, pendant qu'il guérit.* »

Or la cigarette de camphre est à peu près oubliée, et son inventeur le sera avant que la statue que la ville de Marseille lui décerne ne soit terminée.

CHAPITRE XXXVII.

L'auteur reprend le commandement du Gymnase musical dont bientôt il doit opérer le licenciement. — Lettre à M. le maréchal Regnault de Saint-Jean d'Angely. — Preuve d'affection donnée par les élèves du Gymnase à leur ancien commandant qui en a été fort touché.

Grâce à l'année de répit que m'avait donnée M. le général Carrelet, et dont je ne lui sais pas le moindre gré, j'ai bien fait l'école buissonnière ; mais il faut que je reprenne le récit de mon rude pèlerinage.

Au bout de cette année, je fus appelé à reprendre le commandement du gymnase et j'en fus satisfait, d'abord parce que c'était une petite victoire remportée sur le susdit général, et puis je fus heureux de retrouver ces braves jeunes gens, qui, en vérité, me raccommodèrent avec l'espèce humaine en me prouvant que les hommes ne sont pas si ingrats qu'on veut bien le croire. Ils m'ont tous montré toutes les fois que je les ai rencontrés dans ce bas monde une affection à laquelle j'étais bien sensible, et plus tard, ils m'en donnèrent une marque que je relaterai tout à l'heure.

On me rendit compte qu'il y avait des pourparlers à la cantine et qu'un certain général y venait racoler des musiciens comme s'il était sur le quai de la Ferraille.

Quelque temps après je reçus l'ordre de faire partir

cent soixante-treize musiciens ; c'était pour les musiques de la Garde Impériale.

Je me fis l'honneur et me donnai le plaisir d'informer M. le maréchal Regnault de Saint-Jean d'Angely, commandant en chef de la garde, que ledit général, que j'appris plus tard s'appeler M. Mellinet, n'avait pas tant seulement pris la peine de s'entendre avec le commandant du gymnase, voire même avec le directeur des études, M. Caraffa, le charmant auteur de Mazaniello, de La prison d'Édimbourg, etc., et j'ajoutai qu'on aurait pu croire que la Garde Impériale avait été formée dans un retour de Moscou, tant il y régnait de désordres, et en effet on m'avait renvoyé plusieurs de mes hommes, sans que je puisse mettre la main sur leurs instruments et leurs livrées que j'eus toutes les peines du monde à rattraper.

Il paraît que je ne portais pas bonheur au gymnase, car de Biarritz, m'arriva bientôt un ukase qui le licenciait.

La musique militaire coûte fort cher, mais elle est peut-être un luxe utile.

Dans les provinces, partout où nos régiments passent et où l'on a souvent peu de distractions, mais beaucoup d'impôts à payer, elle est un trait-d'union entre le soldat et l'habitant qui a la charge de le loger.

Puis à l'étranger, n'est-ce donc rien pour ces malheureux soldats, harassés de fatigue et qui demain vont affronter le danger, que de leur rappeler la France et les airs du pays natal que peut-être ils n'entendront plus. Or, on peut former dans une classe du conservatoire un cornet à piston ou un trombone, mais on ne formera jamais de chefs de musique sans une école de musique militaire qui puisse leur offrir plusieurs orchestres qu'ils apprennent à diriger.

Je passais un jour, en bourgeois, sur la place du Carrousel : je rencontre le drapeau d'un régiment de la Garde qu'on reconduisait avec le cérémonial obligé, colonel, musique en tête, lorsque tout à coup une voix : *Le commandant !!!* et voilà des couics et des couacs, le sax-horn, le sax-tromba de détonner, la grosse caisse de s'arrêter......

Le colonel, tout ébahi, me regarde et me fit, je crois, un sourire.

Tout cela ne dura qu'un instant — mais j'avoue que cela m'alla au cœur, et j'en ai toujours conservé le souvenir.

Bientôt j'eus la corvée de licencier le gymnase et je fus, en février 1855, mis au dépôt de la guerre, sous les ordres de M. le général de division Blondel, beaucoup plus jeune que moi, mais qui, bien plus avisé que moi, avait eu l'esprit de faire dans le temps une brochure sur l'*obéissance passive*, laquelle, adressée à **Sa Majesté** l'Empereur de Russie, lui valut une croix de la part de la gracieuse Majesté.

Je dois dire au surplus que monsieur le général directeur du dépôt de la guerre, de plus conseiller d'État, eut pour son vieux camarade tous les égards qu'il méritait.

CHAPITRE XXXVIII.

Dépôt de la Guerre, deux bons camarades, les commandants Chépy
et Berthaud. — M. le maréchal Vaillant.

Au dépôt de la guerre, j'ai trouvé deux aimables camarades; et pourquoi ne les nommerais-je pas, dussé-je faire
souffrir leur modestie; c'étaient les commandants Chépy et
Berthaud. Ce dernier nous a laissé tous deux bien en arrière. De lui on racontait déjà qu'étant en Afrique et occupé
à lever le terrain, un des chasseurs de son escorte lui crie :
« Capitaine, prenez g..... », un coup de fusil part et sa
planchette est percée d'une balle.

Le jeune topographe continue son œuvre, imperturbable,
et la remet au général Saint-Arnaud qui lui dit : « Parbleu !
on devrait vous accrocher une planchette d'honneur à votre
boutonnière. »

C'est le même qui, plus tard, organisa et commanda la
garde mobile, qui nous fut d'un si grand secours, pendant
les terribles émeutes de 1848 — 49; le même qui aida,
si efficacement, le maréchal de Mac-Mahon, à la réorganisation de l'armée qui en avait grand besoin, et qui aujour-
d'hui enfin commande un corps d'armée à Bordeaux.

Il a eu la bonté de m'adresser un exemplaire d'un
travail qui m'a paru avoir exigé de fortes études sur la
défense de la France, après nos désastres ; mais j'avoue
que je ne me suis pas trouvé compéten,t pour apprécier

comme il le mérite cet ouvrage qui demande de mûres réflexions et qu'on l'étudie les cartes à la main.

Quant à mon bon camarade Chépy, j'étais avec lui dans le même cabinet à la bibliothèque du dépôt de la guerre. Plein d'intelligence, c'était un chercheur infatigable; il avait inventé de faire de la topographie en relief avec des assises de feuilles de papier collées les unes sur les autres et superposées; de plus, il travaillait avec le ministre, M. le maréchal Vaillant, dans les bonnes grâces duquel il était fort avant.

Je ne crois pas commettre une indiscrétion en disant que je crois avoir découvert ce qu'étaient ces travaux :

Armés d'un immense microscope, ils étudiaient ensemble un brin de mousse colligé entre les pavés de la cour du ministère, et dans ce brin d'herbe, ils découvraient une multitude d'animalcules, d'infusoires, de vibrions, que sais-je, le tout pour arriver à résoudre le grand problème des *productions instantanées.*

C'est une belle invention que le microscope; qu'on lui soumette un morceau de fromage et vous serez dégoûté du fromage toute la vie.

Soumettez-lui la peau de satin de la plus jolie femme et vous verrez des écailles comme à une carpe, à travers lesquelles se jouent de petits vers, comme des dauphins.

L'inventeur allemand du microscope, dont je ne me rappelle plus le nom, en est devenu fou.

Mais puisque le nom de M. le maréchal Vaillant est tombé sous ma plume — quand je dis sous ma plume je faux hélas ! car je ne tiens plus cette plume qui jadis courait un peu à l'aventure, parfois égratignait et m'a valu peut-être quelques inimitiés, aujourd'hui j'en suis réduit à me servir d'une plume amie, ce qui m'est fort pénible car je suis loin d'être comme César qui pouvait dicter à la fois en trois langues différentes — je dois m'arrêter un instant.

Ce fut certainement un des hommes les plus spirituels de l'époque, de plus, un savant, et un type original et gracieux de bourru bienfaisant qui sait faire pardonner ses boutades.

On assure qu'un jour après avoir rabroué la veuve d'un officier qui venait lui demander des secours, pris de remords il n'eut rien de plus pressé le lendemain que de monter au quatrième étage et de porter à la solliciteuse un brevet de pension accompagné de bonnes paroles.

Un de mes camarades me racontait une scène dont il avait été le témoin : Le maréchal était, selon son habitude, en camisole, travaillant avec ses officiers, dans son cabinet. On annonce un lieutenant-colonel du génie qui, en grande tenue, s'explique à peu près en ces termes :

— J'ai tant d'années de service, je ne crois pas avoir démérité....

Le maréchal reconnaissant son ancien camarade de l'école et l'interrompant :

— Eh bien ! qu'est-ce que tu veux ?

— Eh bien ! je voudrais être nommé colonel....

— Quoi, avec un ventre comme ça, y penses-tu ?

Le lieutenant-colonel mécontent :

— Mais il me semble qu'avec un ventre comme ça on peut devenir maréchal....

— Ah ! ça, vas-tu me faire accroire que je suis aussi gros que toi.

— Mais certes oui.

Le maréchal bondit et prie ses officiers de le mesurer avec du fil rouge.

Je ne sais pas si on tricha, mais le fait est qu'on trouva le maréchal plus gros que le lieutenant-colonel :

— Eh bien ! on te fera colonel....

Et ce qui fut dit, fut fait.

Le maréchal Vaillant m'a honoré de deux lettres que j'ai conservées, je crois à propos de la *pétition du caniche Médor à l'Empereur* et dont je lui ai fait hommage, j'ai conservé précieusement une petite biographie de sa chienne *Brusca*, qu'il avait trouvée sur le champ de bataille de Solférino, petit chef-d'œuvre qui a enrichi une des publications de la Société protectrice des animaux dont il était membre.

Du reste, ayant horreur d'avoir l'air d'un solliciteur, je n'ai jamais demandé à être présenté à M. le maréchal Vaillant.

CHAPITRE XXXIX.

Malheureuse organisation de l'armée française sous la Restauration.— Colonel de Saint-Yon, depuis ministre de la guerre et alors chef du bureau de la statistique, auquel était attaché l'auteur.

De mon temps jusqu'à nos récents désastres, il n'y avait réellement dans l'armée que deux grades importants : ceux de colonel et de capitaine ; il faut cependant ajouter celui de chef de bataillon, comme unité de commandement sur le champ de manœuvres. Quant aux lieutenants-généraux ou commandants de division, à part trois grands centres, comme Paris, Lyon et Marseille, c'étaient de brillantes sinécures. Pour ce qui est des maréchaux de camp ou généraux de brigade, ce n'était rien moins que des cinquièmes roues à un carrosse.

La plupart, dans leurs subdivisions, n'avaient pas sous leurs ordres une demi-compagnie de vétérans ; ceux qui étaient au chef-lieu de la division étaient encore, si possible, plus complétement annihilés.

Quand j'étais secrétaire du comité d'infanterie et de cavalerie, j'ai vu les membres de ce petit aréopage, s'évertuer à trouver quelque occupation à ces malheureux et ils avaient inventé, je crois, de faire passer par leurs mains, les lettres adressées à la division ; c'est-à-dire une cascade inutile, nuisible, et qui entravait le service.

J'étais, de 1821 à 22, détaché aux chasseurs de l'Ariége, dont l'uniforme était veste verte et collet jaune.

Le colonel qui s'était voué au jaune avait eu l'idée saugrenue d'affubler sa musique de kourkas et de schapskas jaunes ; ils avaient l'air d'une volée de canaris.

Bien entendu que lorsque l'inspecteur-général arrivait, cette mascarade était mise au rencart. Après le branle-bas de l'inspection qui durait de quinze jours à trois semaines, le général-inspecteur partit avec les propositions d'avancement, etc. Tout rentrait dans l'ordre et comme si rien n'avait été.

Quant au général, commandant la division, je ne l'ai guère vu que sur la promenade, Monsieur le Vicomte......

Il est à remarquer que presque tous les généraux de l'Empire avaient été baronnifiés, mais ils étaient extrêmement friands du titre de vicomte ; ils se figuraient qu'avec cette sonnette à leur nom, on les prendrait pour des descendants de croisés.

Après mes deux ans d'Espagne, je fus en 1825 et 26 détaché au 4ᵉ d'artillerie à cheval, je ne crois pas avoir vu plus de deux fois le général commandant la division, c'était sans doute au jour de l'an.

Il avait pour sous-verge, un brave maréchal de camp, le baron..... qui à sa porte avait un planton de l'artillerie et, dans le régiment, le bruit courait que ledit planton était souvent appelé à servir de femme de chambre à madame la Baronne ; et en effet pour lacer ladite dame il ne fallait rien moins qu'un gaillard habitué aux manœuvres de force.

Quand il s'agissait d'entrer en campagne, on désignait aux généraux le corps d'armée dans lequel ils devaient figurer, le lieu de rassemblement où ils devaient être rejoints par des régiments, des batteries venus de tous les coins de la France et qui souvent ne s'étaient ni vus ni connus.

En 1831, je crois, on demanda à Monsieur le colonel Moline de Saint-Yon, chef de la section de statistique au dépôt de la guerre de répondre à deux questions qu'on lui posait, à savoir : 1° Quelle était la composition des cadres d'officiers, leur valeur, si on pouvait compter sur eux;

2° Si l'offre de désarmement par les puissances étrangères était un gage de sécurité pour la France.

Le colonel Saint-Yon me donna ce petit travail à faire.

Je me permis de dire sans ambages ni circonlocutions, que le commandement laissait à désirer, ce qui n'avait rien d'étonnant car la Restauration avait fait compter à bon nombre d'émigrés les grades qu'ils auraient pu avoir et les avait mis à la tête des régiments ; je crois que je citais le colonel de Galifet, père du général actuel, à qui on avait offert une préfecture ou un régiment : aussi les soldats l'appelaient le colonel *Catifait*.

Les chefs de bataillon et les capitaines offraient plus de solidité ; beaucoup d'entre eux quoique jeunes encore avaient fait la campagne de France ; ils étaient en quelque sorte le nerf de l'armée ; les lieutenants et sous–lieutenants, brave jeunesse, ne demandaient qu'à aller de l'avant, et à marcher sur les traces de leurs devanciers.

2° Il était facile de répondre à la deuxième question : l'armée prussienne avec ses landwehrs pouvait être mise sur pied de guerre en trois semaines ; l'Autriche, n'avait–elle pas ses frontières militaires, Croatie et Transylvanie, vaste pépinière de soldats toujours prêts.

Notre armée n'était ni embrigadée, ni endivisionnée, et de toutes les puissances de l'Europe, la France était la moins bien organisée sous le rapport militaire. Puis on voit bientôt la fin d'une armée, quand elle n'a pas derrière elle, une réserve dans la nation.

Je crois me rappeler que je citais, à ce sujet, une armée de vingt-cinq mille hommes, envoyée pour conquérir Alger, par Charles-Quint, alors la première puissance de l'Europe. L'armée expéditionnaire fut prise par une série d'orages tels qu'à peine put-on en ramener quelques faibles débris en Espagne. Et dans notre fatale campagne de 1812, combien n'a-t-on pas vu d'armées se fondre : c'étaient de malheureux conscrits, qu'on instruisait en route, et bien souvent, avant d'atteindre les champs de bataille, ils obstruaient les hôpitaux.

Mais à quoi bon tout cela ? n'avons-nous pas vu tout récemment, les travaux si remarquables du colonel Stoffel, dont je ne partage pas certes, les opinions — et ses avertissements répétés, ainsi que ceux de notre ambassadeur, Benedetti ; à quoi ont-ils servi ? Monsieur Stoffel avait résumé tout son travail par ces mots : « En Prusse, *ce n'est pas une nation qui a une armée, c'est l'armée qui a une nation.* »

Et nous avons été d'un cœur léger, et au pied levé, attaquer cette nation, qui nourrit contre nous des rancunes si vivaces et si implacables, et qu'elle regrette amèrement de n'avoir pu satisfaire en 1815.

Il faut dire aussi que le grand homme l'avait cruellement traitée, en lui enlevant après Iéna, environ trois millions d'âmes, la moitié de sa population. Il dit dans ses mémoires : « *J'ai rapporté de ce pays l'épée du grand Frédéric, c'est tout ce qui en valait la peine.* »

Et il n'avait pas craint de compromettre, dans un de

ses bulletins, la reine Caroline, au sujet de ses entrevues avec l'Empereur Alexandre.

Or, cette reine Caroline, dont j'ai vu, au *Thier garten*, le splendide mausolée, dû au ciseau du célèbre Rauch, n'est rien moins que la Jeanne d'Arc de la Prusse.

Le colonel Saint-Yon copia fidèlement et textuellement mon travail qui devait être lu chez le roi, en conseil des ministres.

C'est le même qui depuis devint général, et ministre de la guerre.

Homme aussi spirituel qu'aimable, le hasard me fait retrouver une lettre de lui, vraiment flatteuse.

Je dois dire qu'il n'a rien fait pour moi, mais je ne lui en sais nullement mauvais gré ; le digne ministre avait des exigences plus impérieuses à satisfaire.

Nous n'étions plus au temps où le grand homme savait si bien choisir son monde avec son coup d'œil d'aigle, et ce, bien entendu, avant qu'il fût *descendu au rang d'un pauvre insensé*, comme l'a dit Monsieur Thiers dans son vingtième volume pour les dernières années de son règne.

On lui présenta un jour, un travail signé par un jeune capitaine du génie, il en fut frappé et dit, « qu'on le fasse chef de bataillon. » Mais, lui fit-on observer, cet officier est faible de complexion. — « Eh bien! qu'on le fasse maître des requêtes. »

Le jeune capitaine se nommait Allent, il est devenu une étoile de première grandeur, une des lumières du conseil d'État et moi-même infime nébuleuse, au même conseil, j'ai souscrit pour l'érection de son monument en 1837. Je crois qu'il est parfaitement oublié aujourd'hui comme le seront dans quelques jours les grands hommes et les monuments qu'on improvise en ce moment.

CHAPITRE XL.

M. le maréchal de Mac-Mahon.

Le titre de général fait beaucoup d'effet sur le populaire, mais beaucoup moins sur quiconque a été à même de voir comment on avançait alors dans l'armée française et que, dans l'infanterie et la cavalerie pour les colonels, le plus court chemin pour arriver aux étoiles était souvent de laisser à désirer dans leurs commandements. Aussi, étant au dépôt de la guerre, je voyais souvent un homme, jeune encore, que mon camarade Chépy saluait du titre de général et je ne m'étais pas enquis de son nom.

Un jour, j'étais occupé à traduire une brochure faite par un général allemand au service de la Russie, sur la bataille d'Inkermann, et j'en étais à ce passage où on parlait de l'ordre donné aux *horse guards* de charger ; le commandant en se précipitant à leur tête avait crié : *En avant, le dernier des Cardigan*, et la terrible cavalerie avait percé les lignes russes : mais bientôt, celles-ci se reformèrent et après on ne vit plus dans la plaine que des points rouges tomber comme des coquelicots fauchés par les baïonnettes…. Du reste lord Cardigan en réchappa, car il vient de mourir récemment.

Un jour que mon camarade était absent, son ami le général s'approchant de moi, me dit: « Moi aussi, j'ai servi dans l'état-major. » Alors je lui demandai respectueusement son nom :

— Mac-Mahon, me dit-il....

— Rien que cela ?

Mais ce nom était en cet instant dans tout son retentissement, on citait à chaque instant *j'y suis, j'y reste.*

On s'étonnait même que le titre de Malakoff ne lui ait pas été donné au lieu de l'être à ce mauvais coucheur de Pélissier, avec lequel, du reste, j'ai eu souvent maille à partir, quand nous étions à Charleville, dans l'armée dite de la Meuse.

Le général Foy, qui avait la parole en main, dit un jour à la tribune un de ces mots qui réussissent toujours dans nos Assemblées : « *En France quand on parle d'honneur il y a de l'écho.* »

Cela est bien vrai ; qu'un nom soit prononcé, tous les échos le répètent à l'envi et bientôt il roule comme un tonnerre suivi d'éclats répercutés ; mais après l'orage tout ce bruit tombe et le nom retombe dans le silence et l'oubli.

J'avoue que je fus touché de la noble simplicité et de la bonhomie naturelle du général Mac-Mahon ; et j'en gardais le souvenir.

Dès lors, je le suivis sur le champ de bataille de Magenta où il sauva l'armée d'un grand péril et où il conquit son bâton de maréchal de France.

Après avoir assisté à toutes les péripéties de la terrible campagne de 1870, jusqu'à ce qu'il tomba de cheval, blessé d'un éclat d'obus à la cuisse, c'est encore lui qui écrasa l'exécrable commune de Paris, après cette terrible lutte qui dura depuis le 18 mars jusqu'au 25 mai 1871.

Et ce fut bien lui qui mérita le titre de *Libérateur de la France*.

Aussi M. Thiers ne fit-il que lui rendre justice, lorsqu'à la tribune il le proclama « le chevalier sans peur et sans reproche de notre temps ». Il est vrai que l'historien national n'a pas été toujours aussi courtois à son égard.

C'est encore à lui qu'on doit la réorganisation de cette belle armée, dont, au dire de M. Gambetta d ns son discours de Romans, l'aspect à la revue de Vincennes *a fait couler bien des larmes d'attendrissement.*

Nous voyons le maréchal à Toulouse en proie à l'inondation, partout où il faut payer de sa personne, et près de lui sa digne compagne là où il faut soulager une misère.

Le loyal soldat n'a pas la faconde de l'avocat, mais il sait agir. Homme d'action, il semble ignorer que la phrase est la reine en France et s'en remet à ses ministres du soin de parler. Mais ces Messieurs ne se contentent pas de ce rôle subalterne et agissent contre ses intentions formellement exprimées.

Ainsi il était question de rendre tous les procès de presse au jury ; le Président de la République avait consenti, mais en exceptant toutefois les attaques contre les souverains étrangers et contre sa propre personne. Et certes, il avait grandement raison dans un pays où, en 1867, l'empereur de Russie, hôte de la France assis côte à côte du souverain des Français dans la même voiture, n'avait échappé à la mort, que grâce à la présence d'esprit d'un écuyer, M. Raimbault.

Le jury trouva des circonstances atténuantes dans le fait du Polonais forcené coupable d'une pareille tentative de meurtre.

Aujourd'hui, quand ces journaux qui trempent leurs plumes dans la boue d'encre viennent à éclabousser, je suppose, l'empereur d'Allemagne, je mets en fait : 1° Que plus d'un jury se croirait très-spirituel et très-patriote en acquittant l'auteur du méfait ;

2° Que si un Bonnet-Duverdier quelconque s'avisait d'écrire ou de dire en public que le Maréchal à Sedan *s'est láissé tomber de cheval pour simuler une blessure*, et qu'un jury eût l'impudeur d'acquitter le délinquant, tout aussitôt la basse presse d'applaudir et de crier que le Président de la République a été condamné par la justice du peuple.

Res judicata pro veritate habetur.

La loi projetée attribuant les procès de presse au jury est adoptée par la Chambre en première lecture, sans que MM. les Ministres se donnassent la peine de faire valoir et de défendre les exceptions qui leur avaient été formellement signalées.

Le Président de la République était en droit de crier à la trahison ; il se contenta de changer ses ministres ; et certes il ne pouvait faire autrement.

Après cela qu'on ne vienne plus nous reparler de cette sotte plaisanterie trop longtemps prolongée de *coup d'État légal*, deux mots qui hurlent de se trouver ensemble.

Mais le Maréchal se laissa intimider par le *refus du budget*, jeu fort dangereux, arme qui peut éclater dans les mains de ceux qui la manient.

Car si, en 1814, notre dette montait à 63 millions, en 1830, à 80 et quelques, aujourd'hui, dans ce temps de prospérité, elle ne monte à rien moins qu'à 1,373 millions, tant en dettes consolidée, flottante et viagère. M'est avis que si le Président de la République aurait tenu bon, et que les honorables membres de la commission du budget eussent persisté dans leur refus, les créanciers de l'État n'eussent pas été contents du tout et auraient bien pu faire un mauvais parti à la Chambre.

En politique, ce qu'il y a de pis au monde, c'est l'indécision ; une fois qu'on s'est engagé dans une voie bonne ou mauvaise, il ne faut pas s'arrêter et encore moins reculer, car alors les roquets de la presse jappent, aboient et cherchent à vous mordre, et parmi ceux-là il y en a d'enragés : bientôt le lion reçoit le coup de pied de l'âne.

Mais encore faut-il étudier le milieu dans lequel on vit, et ne pas avoir trop de modestie, parce que le vulgaire nous prend au mot, et avoir le sentiment de sa valeur personnelle.

En Espagne et en Italie on mendie sur les grands chemins, souvent l'escopette au poing ; en France on mendie dans les salons et les antichambres ; la France est la terre classique de la mendicité.

Si le Président de la République s'était conservé la feuille des bénéfices, s'il s'était réservé la nomination à tous les postes importants au lieu de la laisser à MM. les Ministres dispensateurs des magistratures, des évêchés, on n'eut pas déserté l'Élysée pour le salon de ces Messieurs.

S'il avait remis ces Messieurs à leurs véritables places, c'est-à-dire les premiers commis de la présidence, au lieu de leur permettre d'aller dans les départements exercer sans vergogne des pressions électorales officielles, recevoir des ovations avec accompagnement de banquets et d'illuminations, le tout payé par un pauvre peuple écrasé par les impôts...

Le Président de la République n'aurait pas été réduit à n'être traité que comme le grand-maître des cérémonies de France.

Mais aujourd'hui M. Gambetta ne fait plus retentir sa parole dans tout son tonnerre et il ne fulmine plus un : « *Qu'il se soumette ou se démette.* »

Mais, au contraire, dans son discours présidentiel de Romans, il met la sourdine, fait le bon prince et veut bien conseiller à M. le Maréchal de rester à son poste jusqu'à l'expiration de son mandat, jusqu'à fin novembre 1880.

Certainement le Maréchal doit lui être bien reconnaissant, et nous espérons tous, tant que nous sommes d'honnêtes gens en France, qu'il restera ces deux ans, plus peut-être, et qu'il ressaisira son bâton de commandement.

Il pourra faire beaucoup de bien ; d'abord ne pas souffrir qu'on touche à l'inamovibilité de la magistrature, car ceux qu'on y mettrait pourraient faire regretter ceux qu'on éliminerait : Seulement changer le mode de recrutement et d'avancement.

Puis s'il attachait son nom à la plus importante des réformes, celle des frais de justice, qui sont la ruine des populations, à la destruction de tous ces monopoles, des officiers ministériels, qui sont de véritables sangsues, qui drainent la fortune publique — si bien qu'aujourd'hui les bras manquent à la culture, que l'habitant des campagnes abandonne le labourage et le pâturage, qui sont les deux mamelles du pays, comme disait Sully, pour aller dans les villes, augmenter le nombre déjà excessif, des ouvriers de l'industrie — si bien qu'aujourd'hui le paysan n'achète plus comme par le passé, de la terre, parce qu'elle ne rapporte que deux et demi pour cent et qu'à sa mort, elle lui sera dévorée par le fisc et les gens de loi, et qu'il lui préfère des titres au porteur, plus faciles à soustraire à leur rapacité.

L'empereur Napoléon III, dans tout son règne, n'a guère fait qu'une seule bonne chose, et encore l'a-t-il faite peut-être maladroitement, sans user de tempéraments, c'est lorsqu'il a proclamé la liberté du commerce. Aujourd'hui toutes les chambres de commerce à l'envi réclament des lois protectionnistes. Cela est tout naturel, mais il faudrait, ce me semble, aussi que le consommateur, c'est-à-dire le public tout entier, eût voix au chapitre.

Si on élève les droits de douanes à la frontière, pour les productions étrangères, les étrangers, par droit de rétorsion, éléveront les leurs, pour nos vins et toutes nos provenances ; ils nous feront payer plus cher leurs charbons de terre et leurs fers ; et alors, comment pourrons-nous exécuter de grands travaux de voie ferrée, préconisés par M. de Freycinet, ils coûteront beaucoup plus cher et c'est encore le pauvre public qui paiera. Ce système de se claquemurer chez soi n'est pas nouveau, la Chine avait sa muraille ; sous l'Empire le grand homme avait décrété le blocus continental, la plus lourde faute qu'il ait commise, car il faisait la fortune de l'Angleterre et ameutait contre la France, toutes les nations qui avaient un si grand intérêt à échanger entre elles les produits de leur pays.

Le système protectionniste n'est bon qu'à rendre indispensable, la formation d'une armée de quelques vingt-cinq mille douaniers sur les frontières, pour combattre un nombre égal de contrebandiers qui sortent de dessous terre.

Nous savons parfaitement que, pour détruire les monopoles de MM. les Notaires, Avoués, etc., etc., dont certes beaucoup valent mieux que leur institution, et les indemniser, il faudra des millions, mais ces millions seront dépensés d'une manière plus profitable, cela vaudra mieux que des fêtes, des expositions et des ovations.

Ce faisant, le nom du maréchal Président de la République sera mille fois béni.

Et qu'on me pardonne si je me permets de lui parler ainsi, c'est qu'en vérité, je l'aime, d'un amour platonique, car depuis 1856, je ne l'ai jamais revu, ni de près ni de join; j'admire ce noble et beau caractère, ce martyr du devoir ; et mon amour et mon admiration sont aussi désintéressés l'un que l'autre ; chose rare à cette époque.

CHAPITRE XLI.

M. Gambetta.

J'ai eu l'avantage de connaître M. Gambetta et de le voir souvent. C'était un bon et aimable garçon, jovial, de l'entrain, de bons poumons, et je n'ai pas besoin de le dire, de beaucoup d'esprit ; aussi, je ne m'étonne pas qu'il ait eu de grands succès à la parlotte des avocats stagiaires. Je ne sais comment, il parvenait à entrer tous les jours à la Chambre des Députés, et le soir, il nous amusait beaucoup en contrefaisant les honorables membres ; plus d'une fois je me suis reproché de ne pas l'avoir écouté, pour aller m'asseoir à une table de whist.

Un beau jour, il eut à plaider à la correctionnelle, je ne sais quel procès, et le président inamovible de la sixième chambre, Delesvaux, qui, par parenthèse, perdit la tête et se suicida après le 4 septembre, ne sut pas tempérer les éclats de sa voix vibrante, lorsqu'il s'écria : « Un homme vain mit le pied sur la France, etc., etc. »

Quelques jours après, il prononce un discours sur la tombe de Baudin, ce député qui se fit tuer sur les barricades en criant : « *Vous verrez comment meurent les vingt-cinq francs !!* »

C'est ainsi que le populaire appelait les honorables députés, dont il avait tout l'air d'être fort las ainsi que de la République à l'époque du 2 décembre 1851.

De ce jour au lendemain, Léon Gambetta était devenu un grand homme, il avait poussé comme un champignon. Mais bientôt,

Infandum, regina, jubes renovare dolorem,

la guerre était déclarée le 15 juillet et, après cinq semaines, l'Empire tombait — Napoléon III, sous les murs de Sedan, faisait battre la chamade et « *N'ayant pu trouver la mort dans les rangs ennemis* », allait rendre son épée, sinon d'un cœur léger, tout du moins, le cigare à la bouche, comme un homme qui laisse tout aller sous lui.

Ce fut alors qu'on proclama la déchéance et le *gouvernement de la défense nationale* et c'était certes le titre le mieux approprié aux circonstances, car il réunissait autour de lui tous les partis et tous ceux qui sentaient battre dans leur poitrine un cœur français.

Léon Gambetta fit partie de ce nouveau gouvernement. Après une lutte de quelques mois, Paris est assiégé, et il part en ballon pour atterrir aux environs de Tours.

Aujourd'hui que les bons Parisiens montent tous les jours dans un gros ballon qui s'enlève comme un cerf-volant attaché par une ficelle et qui tourne au-dessus des cheminées comme un écureuil en cage, ils trouvent sans doute très-simple l'action de M. Gambetta, mais cependant il y avait un certain courage à la tenter.

Le début du membre du gouvernement qui fut dès lors à lui seul, gouvernement tout entier, ne fut pas heureux, car il licencie tout aussitôt tous les Conseils Généraux et les Municipalités, sans penser qu'il faut se servir de ce qu'on a quand on n'a rien à mettre à la place.

Puis, la grande opération du dictateur fut le fameux emprunt Morgan et Cᵉ, de 250,000,000, avec des intérêts de 6 °/₀ remboursable dans trente-trois ans au taux de 85 francs.

On a beaucoup glosé sur cet emprunt qu'il fit de compte à demi avec son intime Clément Laurier qu'il avait envoyé à Londres pour le conclure.

A ses derniers instants il fut encore plus malheureux, lorsqu'il voulut décréter que dans les élections qui allaient avoir lieu, serait privé du droit de vote tout individu qui aurait rempli des fonctions sous l'Empire : mais on y mit bon ordre.

Mais quoi qu'on ait dit de la *dictature de l'incapacité*, il était tout naturel qu'on se pressât autour de M. Gambetta, car, en définitive, c'était le seul homme qui se fût révélé à cette époque en France. M. Gambetta alla ensuite se reposer de ses fatigues à Saint-Sébastien et il eut été peut-être bientôt oublié, lui et sa dictature, s'il n'eut eu l'esprit d'emboucher la trompette de la Renommée, c'est-à-dire de fonder en 1872, un journal... oh ! l'admirable porte-voix !!... Tous les jours on se fait une petite réclame à soi-même ; on a des thuriféraires à gages qui vous font fumer l'encens sous le nez et bientôt les badauds, les nigauds, les gogos, les gobe-mouches, qui pullulent en France, feront chorus et acclameront à l'envi le nom du grand homme d'État, qu'on leur serine tous les jours, et quand le journal *La République française* aura parlé, on dira: c'est l'opinion du pays qui a parlé. Et on s'entendra avec un rédacteur du *Times* moyennant finance et on fera passer le détroit à la renommée du grand homme bien qu'elle soit peut-être une marchandise de contrebande.

Une machine à paroles de la force de trente-six poumons, c'est très-beau; mais un journal comme la *République française* et la *Petite République* qui s'éparpille dans la France à cent mille exemplaires est un instrument encore bien plus puissant et sur lequel M. Gambetta a fait d'habiles variations.

Mais je cesse de le comprendre lorsqu'il s'avise de refuser le budget. Ce faisant il m'afflige, et je lui avouerai tout net que je lui refuse mon estime, — il s'en passera, et il le faudra bien.

Je sais bien que ce n'était qu'une plaisanterie, mais une plaisanterie de fort mauvais goût et plus inconvenante encore que celle du *coup d'État légal*.

Il y a cependant beaucoup de braves gens qui s'en inquiétaient; et figurez-vous ces malheureux rentiers, ces pauvres retraités allant avec leurs femmes et leurs enfants se jeter aux pieds de M. Gambetta, implorant sa pitié, car les malheureux n'ont que cela pour vivre.

Je me permettrai aussi de demander à Messieurs de la Commission du budget, s'ils se seraient refusé les honoraires de 12,000 francs que nous leur payons, et il me semble que c'eût été logique, car ils devaient montrer l'exemple aux pauvres rentiers et retraités.

Mais M. Gambetta s'est mis en campagne, partout les cloches sonnent, les municipalités et les pompiers l'attendent et se forment en haie pour l'escorter, les maisons se pavoisent, puis s'illuminent; on a oublié de tirer le canon, mais cela viendra. Il n'y a pas longtemps qu'on portait un toast : « A celui qui avait défendu la France contre l'ennemi étranger et qui la défendrait contre l'ennemi de l'intérieur. »

Mais que tu as été grand quand tu as prononcé ces mots à jamais mémorables : « qu'il faut se garder du prestige des personnalités et qu'il n'y a rien de plus dangereux que de se faire d'un homme une idole. »

Ah ! pourquoi la France n'a-t-elle pas une madame Deshoulières pour te dire :

> Contre ta modestie on ose murmurer,
> Oui, si ta piété n'y mettait des obstacles,
> Tes jours fertiles en miracles
> Nous forceraient à t'adorer...

Mais je t'aime moins dans ton grand discours de Romans, car on ne peut faire plus franchement appel à toutes les convoitises, activer, allumer les appétits et les cupidités, s'adresser aux ventres affamés qui, cette fois, ont des oreilles fort longues, car ils ne sont pas repus.

Ainsi, tu parles de l'*admirable* administration française, et bien qu'à force de trop parler, tu t'es peu donné la peine de réfléchir et d'apprendre, tu sais cependant parfaitement que si l'administration en France est en général honnête, loin d'être admirable, elle est tracassière, écrivassière et paperassière ; mais là n'est pas la question, tu veux la *républicaniser*, c'est-à-dire la remplir de tes créatures ; de même pour la magistrature, au moyen de nouvelles investitures.

(Mais pardon, si je te tutoie, ô grand homme ! je me sers par anticipation du langage dont l'histoire usera envers toi.)

Quand tu en arrives au clergé, tu n'oublies qu'une

chose ; tu oublies de nous dire que c'est à la République que nous devons ces ordres réguliers, dominicains, capucins, carmes chaux ou déchaux, etc., etc., car sous nos rois très-chrétiens, il n'en existait pas un seul sur le sol de la France, et en 1826, le Garde des Sceaux, M. de Vatimesnil, expulsait les *Pères de la Foi,* nom sous lequel les jésuites se cachaient, et cela se passait sous le roi très-pieux Charles X.

Du reste, je me permets d'être de l'avis de M. Gambetta, quant à la collation des grades. Il faut qu'ils ne soient conférés qu'à bon escient et avec des garanties suffisantes.

Quand je faisais mon droit, l'excellent M. Buigniet nous racontait qu'avant la Révolution, il y avait des écoles de droit beaucoup plus faciles les unes que les autres, et qu'un jeune gentilhomme s'étant présenté à celle de Dijon, je crois, fut reçu d'emblée, et s'était écrié : « Parbleu, si j'avais su, j'aurais fait recevoir mon cheval.....

— Non, monsieur, lui aurait dit M. le Président, nous ne recevons que des ânes. »

Je partage assez sa manière de voir, quant à ce qui concerne le recrutement du clergé et même de l'enseignement.

Je n'ai pas grand souci de ces vocations des pères qui mettent leurs enfants dans les séminaires, ou les proposent pour l'enseignement, et ce, dans le but uniquement de les soustraire au service militaire.

D'abord j'affirme pour les laïques, c'est-à-dire pour les étudiants en droit et en médecine, que la caserne est beaucoup moins insalubre que les hôtels garnis du pays latin en ce qui concerne Paris ; car nous n'avons pas de villes universitaires comme Oxford et Cambridge, ou Iéna et

Gœttingen. Puis je crois que pour prendre ces fonctions si importantes de l'enseignement et du sacerdoce, il faut, pour qu'elles soient bien remplies, des hommes déjà faits et qui aient senti véritablement dans le for intérieur, la vocation qui les y appelle.

Notez bien que je ne demande pas l'expulsion des ordres mendiants ou non mendiants que nous avons en France, mais j'avoue que je ne suis pas curieux d'aider à leur recrutement : celui du clergé séculier se fera suffisamment et mieux avec des hommes qui présentent plus de garantie par l'âge, par leur connaissance du monde et leur maturité.

Nous ne parlerons pas ici de son boniment sur le suffrage universel, parce que nous traiterons la matière un peu plus loin.

Et penser qu'après s'être donné tant de mal, M. Léon Gambetta aura peut-être travaillé en vain : *sic vos non vobis*

> *Nidificatis aves,*
>
> *Mellificatis apes.*

C'est-à-dire que vous aurez cherché à vous faire un nid splendide à l'Élysée ; que vous aurez semé des discours dans toute la France et distillé le miel dans votre phraséologie ; que vous aurez eu même soin d'accorder une somme de trois cent mille francs, en surplus de son traitement, au Président de la République qui ne les réclamait certes pas — et penser qu'un autre, peut-être, récoltera les fruits de tant de travaux !

Faisons remarquer en passant que le Président des États-Unis à Washington a deux cent mille francs par an : et puisque, en ce moment, deux ministres traversent le détroit, pour s'enquérir de nos voisins, comment ils font marcher chez eux la poste et le télégraphe, ils pourront en même temps s'assurer que dans ce pays on serait bien étonné de voir subventionner les théâtres, comme cela se passe chez nous ; où l'habitant de Carpentras paye l'Opéra qu'il ne verra jamais, ainsi que moi qui n'ai pas envie d'aider aux ignobles trafics qui se passent en l'administration du théâtre et les vendeurs de places.

Quant aux expositions, ce sont les particuliers qui s'en chargent et qui, après s'être remboursés des frais, ont fait largesse de sommes considérables aux pauvres de la ville de Londres ; tandis que notre Exposition de 1867 a eu pour résultat un déficit de vingt-sept millions : savoir quelle sera la carte à payer de l'Exposition de 1878 !

CHAPITRE XLII.

**Première République. — Deuxième République — Suffrage universel.
— Troisième République: invalidations.**

La première République n'a été qu'une longue traînée dans le sang et dans la boue, mais un orateur a très-bien dit, que la Terreur avait *éreinté* la Révolution ; le même qui, il y a trente ans, faussait les esprits de malheureux ouvriers en leur donnant pour pâture le libre-change, l'égalité des salaires et le droit au travail, s'avise de vouloir faire un effort d'imagination et de nous rendre... la Convention !!...

C'est à croire que sa tête n'est plus très-saine;

Quant à la seconde République, qui a duré si peu au milieu d'émeutes continuelles, elle nous a peut-être fait plus de mal que la première, qui est moins dangereuse tant elle inspire d'horreurs et de dégoûts, tandis que la seconde nous a légué le Suffrage universel ! *in cauda venenum...*

Mais le temps presse, me menace, et ne sachant pas si j'ai un lendemain à espérer, je veux transcrire quelques pages écrites que je voulais avoir l'honneur d'adresser aux honorables membres de la Chambre des Députés, au sujet des invalidations, qui à mon sens, je ne crains pas de le dire, auraient pour résultat, si on persistait plus long-temps à abuser du despotisme du nombre, par rendre impossible le gouvernement parlementaire, qui est encore, ce me semble, ce que les hommes ont inventé de mieux.

La cour de cassation est un tribunal suprême qui casse et annule en dernier ressort, pour vices de formes ou violation de lois; on peut ajouter qu'elle a pour mission, de s'efforcer de ramener à l'unité, les jurisprudences des différentes cours; mais on lui a refusé le droit de rendre des arrêts de règlement, c'est-à-dire, d'imposer par arrêt rendu, toutes les sections réunies, une jurisprudence obligatoire, à toutes les cours d'appel, ce qui nous a semblé abusif, et n'appartenir qu'à la législature elle-même ainsi que j'ai cherché à le démontrer dans l'ouvrage que j'ai publié sous le titre : *Études sur la législation civile et criminelle en France* (1843).

Mais cette cour suprême, s'est-elle jamais avisée de s'arroger le droit de casser un verdict du jury, sous prétexte que le jury avait obéi à une pression par trop violente de l'éloquence prestigieuse de maître C. ou D. et avait prononcé un acquittement scandaleux?

Ainsi pour citer un exemple: le fils d'un banquier, je crois, dans les environs de Paris, s'était senti le besoin d'hériter à courte échéance, et de faire inventaire des biens que son père lui laisserait.

Vous voyez que je me sers d'un euphémisme, ainsi qu'on en use, par exemple, lorsqu'on parle des communards, *patriotes égarés* qui ont mis le feu à une partie de la ville de Paris.

On connaît le mot attribué à maître C. en recevant ses honoraires, vingt-cinq mille francs, qu'il avait certes bien gagnés et tapant sur l'épaule de son client : « *Gredin, tu l'as tué !!* » — On cite aussi maître D. qui après une plaidoirie, aussi brillante que larmoyante, avait obtenu l'acquittement d'un horrible bandit qui se présente chez lui, pour lui témoigner sa reconnaissance. Mais l'honorable avocat avait dépouillé le *tormentum togæ*, et était redevenu homme, il chasse plein de colère le drôle qui ose souiller son domicile.

2° La cour de cassation s'est-elle jamais avisée de casser un verdict sous prétexte que le ministère public a lancé un acte d'accusation tellement acrimonieux, tellement véhément qu'il a pu terrifier Messieurs les jurés, que dans ce réquisitoire il a même avancé des faits qui ne sont pas suffisamment justifiés? Pour le premier cas, je conçois parfaitement qu'un organe du ministère public, bien convaincu de la culpabilité de l'homme qu'il a pris corps à corps, ne mette pas une sourdine à sa voix pour demander la tête de celui qu'il regarde comme coupable au premier chef; et d'ailleurs ce sera l'affaire et le triomphe de l'avocat de prouver que M. le Procureur de la République a été trop loin et de détruire l'impression qu'il a produite.

Il en serait de même, si l'on incriminait le résumé du président, qui, obéissant malgré lui à sa conscience, cesserait d'être impartial; il serait difficile à la cour de cassation de tracer juste la limite qu'il n'aurait pas dû dépasser. D'ailleurs dans tout cela il y a beaucoup de fictions : ainsi la loi impose au juré de prononcer dans son âme et conscience sans s'inquiéter de la peine qu'amènera son verdict; et cependant, depuis l'adjonction des circonstances atténuantes, dont il abuse souvent, la statistique judiciaire a prouvé qu'il y avait des condamnations moins graves, mais plus nombreuses, et qu'en définitive le crime était moins impuni maintenant que jadis.

Maintenant ce n'est pas un doute que j'ai l'honneur d'exposer à MM. les honorables députés, c'est une conviction profonde, méditée, raisonnée, en un mot, ce que je crois une vérité incontestable, que je leur soumets.

La chambre pas plus que la cour de cassation n'a le droit d'invalider, que lorsqu'il y a eu vices de formes, c'est-à-dire irrégularité dans la manière dont le scrutin a été conduit, par exemple, urnes à doubles fonds, ou nombre de votants supérieur à celui des électeurs inscrits.

Oh ! alors, elle doit sans hésiter, casser, briser l'élection de manière si possible, que les morceaux en rejaillissent sur ceux qui se sont rendus coupables de pareilles manœuvres. Mais annuler le verdict du suffrage universel, sous prétexte qu'il y a eu pression abusive de l'autorité, c'est le traiter comme s'il était une balance folle, dont les plateaux montent et descendent au moindre souffle !!!

Quoi ! le suffrage universel, ce palladium de la liberté, ce plus beau fleuron de la couronne du peuple souverain......, mais vous ne vous apercevez donc pas que vous le vouez au mépris et au ridicule, et que vous êtes bien irrespectueux pour ce que M. Thiers appelait la *vile multitude* qui en définitive fait partie du peuple souverain, puisque vous lui avez confié la mission de vous appeler à nous donner des lois.

Ce n'est pas du reste, Messieurs les Députés, que je me fasse l'apôtre et l'admirateur du suffrage universel, et je crois pouvoir dans ce temps de liberté, vous dire que je suis parfaitement de l'avis des neuf dixièmes de mes concitoyens, *qui surent lire et écrire* et croient, comme moi, que le suffrage universel laissé à lui-même et sans direction est pour tout gouvernement un mal mortel à bref délai.

Il ne peut y avoir qu'un gouvernement tel que celui de Napoléon III, qui puisse subsister en renfermant pareil ferment dans son sein ; mais dans ce temps, il n'y avait plus de presse, et pas besoin de procès de presse, car on se contentait de retirer aux imprimeurs et aux éditeurs, leurs brevets, ce qui était bien plus court et bien plus efficace. Puis l'empereur Napoléon, en donnant au 2 décembre 1851 une petite saignée à son bon peuple, et en exilant une quarantaine de mille de ses sujets qu'il trouvait incommodes, avait imprimé une salutaire terreur, si bien qu'il put dire avec raison : « *De l'ordre j'en réponds.* »

Mais le suffrage universel est difficile à contenter, il ne lui suffit pas toujours que quelques ingénieurs viennent planter des jalons pour le chemin de fer qu'on lui a promis et qui, une fois l'élection du candidat agréable obtenue, en restent là.

Le suffrage universel est d'un grand appétit, il lui faut des places et beaucoup, et on a beau lui en créer, il n'en a jamais assez.

Aussi bientôt la corruption s'étend, les arsenaux se vident, beaucoup de petits abus deviennent gros, et on a bien vu, il y a quelques années, des *picks-pockets*, voler des canons, non sur un comptoir d'un marchand de vin, mais bien des canons en bronze, enfermés dans une citadelle, munie de fossés et de ponts-levis. Avec un pareil régime, le corps social menace de périr bientôt de pourritures et de gangrènes séniles.

L'illustre M. Victor Hugo, dans son second volume sur le crime du 2 décembre, nous montre avec orgueil les deux fractions de la chambre : la gauche, cent quatre-vingts membres dont il vous raconte tous les traits héroïques, et

voire même la droite, tomber avec une égale noblesse devant l'épouvantable forfait.....

« C'est, s'écrie-t-il, que le suffrage universel avait infusé
sa séve dans le cœur de la France, l'avait vivifiée, purifiée,
etc., etc., » patati ! patata !

Cependant ladite séve, toute féconde qu'elle est, n'a pu
pendant les dix-huit années de règne du dernier empire,
enfanter que cinq et plus tard neuf membres de l'opposition.

O grand et sublime poëte ! je t'en supplie, n'écris donc
plus en vile prose, tu parles si bien le langage des
dieux !! on dit vulgairement que le latin brave l'honnêteté,
on peut dire aussi que la poésie peut braver parfois le bon
sens : mais il y a la cadence, le nombre, la rime, et c'est
une musique à laquelle on se laisse bercer, sans trop se
rendre compte de ce qu'elle nous chante, mais, ô grand
poëte ! pas de prose car, nous autres gens terre à terre,
comment voulez-vous que nous comprenions, ces mots
que je trouve dans votre deuxième volume précité :
« *nul ne peut prévoir où s'arrêtera le glissement d'une
pensée affreuse, quand les événements sont en plan incli-
né......* » puis : « *Quel haillon, un Empereur vidé !!!.....* »

Ce qui ferait croire à une métaphore un peu hasardée,
d'un Empereur qui, comme un gâteux, a laissé tout aller
sous lui.

CHAPITRE XLIII.

Pressions électorales. — Depuis 1789 la France a subi dix-huit constitutions et changements de gouvernements.

Il est incontestable, à mon sens du moins, que tout gouvernement, ou tout ministère responsable, a le droit, je dirais même le devoir de chercher à diriger l'opinion, dans
le sens qu'il compte suivre dans sa politique; et ce, surtout s'il a affaire au suffrage universel, c'est-à-dire à cette
hydre, à ce sphinx, à ce cerbère, avec ses quelques millions de têtes inconscientes, hurlantes, à qui il faut cependant jeter un gâteau, un os à ronger : et monarchie ou
république ne se feront jamais faute de tomber dans l'horrible péché de *l'élection officielle....*, *proh pudor !!!*...

Après cela, *est modus in rebus.* On ne pourrait certes
pas faire en France, comme en Angleterre, où lorsque les
whigs détrônent les tories ou vice versâ on change jusqu'aux femmes de chambre de la reine, parce que chez
nous, les ministères ne vivent souvent, comme les roses,
que l'espace d'un matin, et que ce serait des remue-ménage
continuels.

Mais ce qu'il y a de certain, c'est qu'on ne peut comparer
la pression dite administrative, c'est-à-dire, celle du
préfet dans son département, du sous-préfet dans son
arrondissement, celle du maire dans son *endroit*, assisté du

garde champêtre, voire même du curé dans son église, à la pression bien autrement active, incessante, qui se fait dans les cabarets, les débits de tabac et chez les perruquiers du lieu, par les beaux esprits qui s'en vont crier : *Le capital est tout et le travail n'est rien, c'est le travail qui doit être tout et le capital rien* — ou plutôt allons le pêcher dans les poches où il se trouve, et m'est avis qu'on n'y va pas de main morte, car on nous a surchargés de onze cent millions d'impôts nouveaux. Puis viennent les économistes, socialistes, qui sont armés de la fameuse déclaration des droits du prolétaire, arrêtée dans une célèbre conférence qui a eu lieu à Bruxelles, et à laquelle, M. Jules Simon, qui présidait, a apposé sa signature : on y trouve ces paroles sacramentelles, qui ont retenti tant de fois dans toutes les tavernes, après celle de Proudhon, un peu démodées : « *La propriété, c'est le vol....* » Aujourd'hui c'est : « *Au mineur la mine, la terre à celui qui l'arrose de ses sueurs, boum !! boum !!......* »

On n'a pas encore été jusqu'à dire, *au maçon la maison qu'il construit,* parce qu'il est de notoriété publique que sueur de maçon est très-rare.

Je ne blâme aucune de ces pressions, d'où qu'elles viennent ; cependant, je demande la permission de regretter celles qui s'exercent dans cette chaire où l'on ne doit faire retentir que des paroles de paix et de miséricorde, et de dire qu'il y a inconvenance, peut-être même profanation, à faire intervenir le saint nom de Dieu, dans nos misérables tripotages terrestres ; car, nous ne sommes plus au temps où l'on parlait les langues sémitiques qui nous représentent Jéhovah, perçant la nue, pour arrêter le bras d'Abraham, prêt à frapper Isaac. Mais pour conclure ; à quelques pressions où j'ai eu la faiblesse de céder, moi, portion du souverain, moi qui comme juré ai été condamné à énoncer mon verdict à haute et intelligible voix, mais qui, aujourd'hui, suis convié à un vote secret et discret, j'entends que ma volonté soit respectée (quand il n'y a pas eu vices de formes dans le scrutin), sans quoi je déclare votre invalidation comme attentatoire au suffrage universel dans ma personne !

Et ce qu'il y a de plus risible dans tout cela, c'est, je suppose, un chef d'atelier, pérorant au milieu de ses ouvriers et vous tout le premier, faisant la leçon à votre domestique ou à votre portier, vous êtes presque sûr que, ouvriers, domestique et portier, conviés à voter pour M. de Rémusat, s'empresseront de déposer dans l'urne, le nom de M. Barodet.

Puis, en vérité, vous vous contentez donc de cette publicité crépusculaire, dont vous devriez vous apercevoir aujourd'hui, car vos séances consacrées à des invalidations sont cruellement soporifiques et nauséabondes, et Dieu merci, vous n'avez pas discuté une loi intéressante depuis que vous vous livrez à ce triste exercice.

Lorsqu'on veut faire un peu de bruit et qu'on veut appeler les fidèles à la prière on sonne la cloche, mais pour la fondre, il a fallu l'amalgame de l'airain, le bronze, l'argent, l'étain, dans une certaine dose ; pour faire un tam-tam, il faut des trempes sagement combinées pour lui donner le son vibrant qu'il doit avoir. Il me semble que vous n'avez pas tant d'étoiles de première grandeur, pour vous priver de celles que le suffrage universel vous avait données ; ainsi vous invalidez M. de Mun qui en définitive, aux yeux de tout le monde, passe pour un homme de talent, et cependant j'ai habité trop longtemps l'Espagne et l'Italie pour être un clérical. Puis, que deviendrions-nous donc, si nous perdons les interruptions de M. Cunéo d'Ornano, qui me rappelle si bien, feu M. le marquis de Boissy. Certes je ne suis pas bonapartiste, je ne suis pas payé pour cela, et j'en ai donné la preuve, mais je regretterais cruellement, qu'on m'enlevât M. Paul de Cassagnac ; car, jamais je n'ai lu dans mes comptes rendus abrégés, un discours qui m'ait charmé autant que le sien, surtout, lorsqu'il a dit qu'il aurait envoyé deux gendarmes à M. Gambetta, et ce n'est pas pour cela que je veuille du mal à M. Gambetta, auquel je dis la dernière fois que j'ai eu le plaisir de le voir : « *Vous êtes Danton, puissiez-vous n'avoir pas le même sort.* » Mais depuis M. Gambetta est devenu un gros personnage, un homme universel, il a commandé les armées ; aujourd'hui il fait des traités de commerce, et cette tête puissante est une encyclopédie : seulement je prendrais la liberté de lui conseiller amicalement, de ne pas trop jouer avec une arme qui pourrait bien éclater dans ses mains et qui ne réussirait pas deux fois, je veux dire, le refus de l'impôt ; le bon peuple pourrait bien vous faire, Messieurs les Députés, un petit 18 brumaire.

Je n'ai jamais vu, ce me semble, d'invalidations au parlement d'Angleterre, ni à celui de Belgique où les deux chambres sont à l'élection, ni voire même au Reichstag allemand. C'est qu'en effet, nous le répétons, s'il arrivait qu'une majorité fît un abus scandaleux de la force du nombre sur les minorités, il en résulterait, purement et simplement, que le gouvernement parlementaire deviendrait impossible et serait *condamné à mort.*

Je sais qu'à une certaine époque, en 1852, on faisait fi

du parlementarisme, et que de braves gens avaient même l'esprit d'en plaisanter ; et cependant, je ne crois pas qu'on ait trouvé encore rien de mieux. Il me semble que dans tout pays qui aspire à être libre, la société est assise sur un triangle, au sommet duquel est le pouvoir exécutif, qu'il s'appelle roi ou président de la République, et à un des angles de la base, une chambre élue par le peuple, et à l'autre, une autre chambre qu'elle s'appelle pairie ou sénat. La question n'est rien moins, du reste, que de bien équilibrer, de bien pondérer ces trois pouvoirs, que j'appellerai, si l'on veut, trois étais ; car si l'un vient à manquer le triangle penche ; les deux autres se livrent la guerre, le plus fort l'emporte, et l'on n'a plus que le despotisme qui écrase la société.

Je ne parle pas, bien entendu, de la contrefaçon du gouvernement parlementaire, dont nous avons joui pendant dix-huit ans. Au sommet l'Empereur, qui avec la constitution qu'il nous avait octroyée, et qui a été bien certainement la plus ridicule qu'on ait pu imaginer, n'en a pas moins eu cinq millions d'adhérents, ledit Empereur avait certainement plus raison de dire que Louis XIV : « *L'État, c'est moi.* »

Et, en effet, la chambre ne pouvait refuser sur un budget, soit sur celui de la guerre, quelques milliers de francs ; il lui fallait refuser le budget en entier. Dans ce temps, il n'y avait pas de procès de presse, et éditeurs et imprimeurs savaient à quoi s'en tenir, et ils faisaient regretter l'époque où il y avait la censure avouée, en un mot, il n'y avait que des simulacres de chambres, et la France jouait une assez triste et piteuse comédie ; et on sait comment le tout a fini, à la risée du monde entier, pour ce malheureux peuple qui s'était laissé prendre à de pareilles farces.

Mais nous reprenons le sommet du triangle, c'est-à-dire, l'autorité ; il faut qu'elle soit d'autant plus assurée dans les mains de celui qui tient le pouvoir exécutif, si le pays est en République, car le Président, élu pour quelques années seulement, n'a pas la consécration du temps, de l'habitude et de l'hérédité ; et ce, surtout, dans un pays comme le nôtre, où dès qu'un homme est élevé sur le pavoi on cherche à le démolir, et arriver au moyen de quelques petites révolutions, à l'assaut des places. C'est qu'en effet, il faut bien l'avouer, et dire comme le populaire, beaucoup de gens n'ont d'autre politique que celle de : « *Ote-toi de là, que je m'y mette* » — ce qui est trivial, mais n'en est pas moins vrai.

Je mets en fait, qu'aujourd'hui, en France à cette heure, il n'y a pas moins d'une dizaine de prétendants à la présidence de la République.

Il faut ajouter aussi qu'en France on n'est pas encore bien habitué au gouvernement républicain et que ce peuple charmant n'a pas beaucoup le don de la patience, et qu'il se résignerait difficilement, comme aux Etats-Unis, à voir un Jackson ou même un Grant, accomplir leurs années de présidence, sans y mêler quelques petites émeutes, ou une bonne révolution.

Maintenant, si nous arrivons à la base du triangle, c'est-à-dire, aux deux assemblées délibérantes, nous nous heurtons, tout d'abord, au Suffrage universel.

J'ai compté sur mes doigts et j'ai trouvé que, depuis 1789, la France avait subi dix-huit constitutions ou changements de gouvernements qui, l'un dans l'autre, ont vécu environ quatre ans et demi.

Or, dans ces constitutions, je n'ai pas compté celle que j'ai élaborée en 1860, dans un ouvrage assez sottement intitulé *Paris moderne* et qui aurait dû se contenter de son sous-titre *Novutopie* qui eut été beaucoup plus *avantageux*, du moins à ce que m'ont dit les libraires. Mais il faut que je fasse taire ma modestie, car, ma constitution, en définitive, vaut beaucoup mieux que celle de Siéyès, rhabillée le 4 nivôse an VIII, qui, au dire de Benjamin Constant, « *avait, grâce au ciel, réuni les absurdités de presque toutes les constitutions existantes et possibles* », et que le grand homme a condamnée durement ; puisqu'il a commencé par mettre à la porte son Tribunat, et qui, en plein Conseil d'État, disait de son Sénat : « *Ce corps a été manqué ;.... il n'a pas assez d'occupations ; on n'aime pas en France à voir des gens bien payés pour ne faire que quelques mauvais choix....* »

Mais le Sénat recouvra la parole en 1814, en prononçant la déchéance de Napoléon et en stipulant soigneusement son maintien, l'hérédité, la conservation et la reversibilité de ses dotations.

Toujours modestie à part, je conseille à MM. les Députés de lire, s'ils peuvent en trouver, un des rares exemplaires de mon *Paris moderne*, le chapitre qui contient *ma* constitution qui, il est vrai, n'a pas eu plus de chance que celle de la Convention, laquelle n'a jamais été exécutée, et est tombée comme une lettre morte, mais qui, certes, je ne crains pas de le dire, vaut bien celle de M. Buffet.

CHAPITRE XLIV.

Ainsi, nous venons de le dire, l'auteur de *Paris moderne*,
ou plutôt de *Novutopie*, promulgua, en l'an de grâce 1860,
sa constitution, qui eut le même sort que celle de la Convention et ne fut pas mise à l'essai. Pour consommer ce
grand œuvre, l'auteur, plus que sexagénaire, se remit à
étudier la République de Platon, et il fut tout ébahi, de
voir comment les génies sublimes, dès qu'ils cessent de
planer à tire d'aile dans les régions éthérées à la recherche
de l'infini, font de lourdes chutes en retombant sur la terre
en pluie d'aérolithe, amalgame de basalte, de soufre, de
pierre ponce, etc. — Il est certain qu'ils sont d'origines
célestes, mais cette manne est fort indigeste pour nous
autres pauvres mortels ainsi que j'ai pu m'en convaincre
en 1827, un jour que je manœuvrai avec mon régiment,
aux Buges, près Clermont en Auvergne : Un fort coup de
tonnerre et tout à coup un déluge de ces envoyés du ciel....
Platon, dans sa République, a fait trois classes : la première se compose des hommes d'élite, la classe dirigeante,
à qui reviennent tous les honneurs et le gouvernement de
l'État ; dans la seconde sont les hommes d'action, les guer-

riers qui la défendent, les industriels qui l'enrichissent ; et la troisième, ce sont les hommes de peine, *servum pecus*, occupés des travaux serviles, cultivant la terre et destinés à donner des prolétaires, *prolem dare*.

Mais quel est l'aréopage qui sera chargé de désigner les trois catégories dans lesquelles les citoyens seront parqués,

Le divin maître répond tout aussitôt : « Ce seront les philosophes », et il ajoute : « *Ceci est fort ingénieux.* »

Mais nous l'avouons, cela nous rappelle aussi tout de suite, ce lieu commun : *Nihil tam absurdum, quod a philosopho non dicatur.*

Des philosophes, grand Dieu ! Cicéron ne nous apprend-il pas, dans son traité *de naturâ Deorum*, que dans l'antiquité, jamais deux philosophes n'ont pu s'entendre.

Des philosophes !... Nous avons eu J.-J. Rousseau qui a fait des législations pour la Pologne et la Corse ; il a semé tant d'idées fausses dans les pauvres cervelles françaises, avec son *Contrat social*, qui, au dire de notre grand Lamartine, *a été le bréviaire de la Révolution ; et Robespierre ne fut qu'un J.-J. Rousseau enragé.*

Ensuite l'auteur se mit à relire consciencieusement Télémaque, et il trouva assez juste le mot du grand roi, lorsqu'il dit : *que Fénelon était le bel esprit le plus chimérique de sa cour*, car il jugea que Sallante pouvait marcher de pair avec la République de Platon et aller la rejoindre dans l'empire des rêves creux.

Puis il étudia l'utopie de Thomas Morus, puis les saint-simoniens, voire même les icariens et Monsieur Enfantin ; ce grand homme, aujourd'hui si oublié, lui parut bien drôlatique, et lui désopila la rate. Mais si les saint-simoniens et phalanstériens n'ont pas fait long feu, ils n'en

ont pas moins fait très-bien leur chemin dans ce bas
monde. Il n'y a rien de tel que d'appartenir à une coterie ;
on se prône les uns les autres, on se fait la courte échelle,
et on finit par arriver, il n'y a rien de tel que de corner
des noms aux oreilles du populaire. Jean-Marie Farina eut
été nommé, sans nul doute, membre de la Chambre des
Députés, s'il n'eût pas eu le malheur de naître dans la
Prusse rhénane. Ne possédons-nous pas aujourd'hui les
illustres Barodet et Bonnet-Duverdier, et la ville des Pho-
céens, Marseille, ne va-t-elle pas élever une statue, à l'auteur de l'eau sédative et des cigarettes de camphre ? Quant
à l'historien national, que la ville de Nancy se propose
d'apothéoser, je m'incline devant lui et devant sa légende
en vingt volumes, qui, bien que d'une prose un peu traî-
nante, ont fait nos délices et qui, avec les flonflons de
Béranger, nous ont valu le second Empire ; et je me borne
à prophétiser que, d'ici à peu d'années, une histoire du
grand homme se fera enfin, et que l'historien national avec
ses vingt volumes sera aussi oublié que M. de Norvins.
M. Lanfrey avait commencé une véritable histoire de Napoléon ; malheureusement il en est resté au cinquième volume qui s'arrête à la fin de 1812.

Il y a aussi de M. Barni, professeur de faculté, que nous
venons de perdre récemment, un abrégé fort remarquable
de l'histoire de Napoléon.

Je prendrai la liberté de bien recommander surtout
l'œuvre de M. Damas-Hinard, qui était récemment secrétaire des commandements de S. M. l'Impératrice. Le pré-
cieux et naïf personnage s'était figuré avoir élevé un monument à la mémoire du grand homme, en colligeant
soigneusement tous ses dires par ordre alphabétique. Rien

de plus curieux que cet ouvrage, mais tombé peut-être dans l'oubli, et qui mériterait d'être remis en lumière. Le grand homme dit oui, dit non, blanc, noir. Ainsi pour ne donner qu'un exemple : Celui qui plus tard devait faire venir le pape, *manu militari*, pour se faire, comme dit Lafayette, *casser une petite bouteille sur la tête*, ou autrement dit se faire sacrer par les mains du pontife, ne s'était pas gêné pour dire en Égypte : « *Je me serais fait volontiers mahométan, — on nous épargnait la cérémonie de la culotte ; mais il m'aurait fallu jusqu'à l'Euphrate, et je serais venu prendre la chrétienté à revers.* »

CHAPITRE XLV.

Centenaire de Voltaire. — M. Victor Hugo.

Mais dans le précédent chapitre, avec notre manie de di-
gressions, nous avons oublié la partie la plus importante
de la *République*, c'est que tout bonnement le divin Platon
raye d'un coup de plume ou plutôt de stylet (par respect
pour la couleur locale), il détruit la famille... L'enfant est
enlevé au sein de la mère et lui devient complétement
étranger. Le divin maître ne nous dit pas si tous ces enfants seront nourris par des troupeaux de chèvres, ou
élevés au biberon Darbo. Nous ne pouvons résister à la
tentation de donner une enigme proposée par le divin
maître :

Un homme qui n'est pas un homme tue, avec une pierre
qui n'est [pas une pierre, un oiseau qui n'est pas un oiseau.

Pour que le lecteur ne donne pas sa langue au chat,
j'expliquerai le sphinx :

Un homme qui n'est pas un homme, c'est-à-dire un *cas-
trat*, tue avec une pierre qui n'est pas une pierre (cela veut
dire une *pierre ponce*), un oiseau qui n'est pas un oiseau
(cela veut dire une *chauve-souris*),

En vérité, il n'y a qu'à des génies sublimes qu'il soit
permis de tomber dans de pareilles aberrations, de se

heurter contre de pareilles impossibilités, et qu'on nous pardonne de débiter de pareilles fadaises.

Dans son second volume de l'*Histoire d'un Crime*, M. Victor Hugo nous représente une centaine de barricades, toutes défendues par des héros, qui souvent, du haut de ces mêmes barricades, font des discours homériques de plusieurs pages. Eh bien ! nous qui avons été à même d'en voir quelques-unes et même d'en rapporter un cuisant souvenir, nous sommes porté à croire que ces barricades n'ont jamais existé que dans l'imagination poétique de M. Victor Hugo, et qu'il a été dupe du mirage enfanté par elle.

Mais voici le centenaire de Voltaire !!!...

Le géant Antée a frappé la terre du pied, il grandit, il s'élève et m'entraîne, il plane et je me sens enlevé par les serres de l'aigle de Jupiter, comme l'infortuné Ganymède; sous mes pieds, autour de moi, un volcan de métaphores et d'antithèses éclate, un foyer incandescent de lumière électrique m'éblouit et je retombe sur la terre, tout meurtri, aveuglé et me rappelant de mon collège ce vers d'harmonie imitative :

De branca, in branca, degringolat atque facit pouff.

Je suis harassé, moulu, tant soit peu honteux de m'être laissé ainsi prendre d'admiration pour les phrases du grand poëte, dupe de son public et de lui-même ; car ce splendide discours du centenaire n'est en réalité qu'une mystification.

Voltaire, en effet, là-haut, doit bien rire de se voir mis en parallèle avec le doux Jésus, lui qui certes n'était pas homme, un soufflet reçu sur la joue, à tendre l'autre joue.

Puis quelle grimace il leur a faite, quand il aura entendu parler d'*amnistie*, car il était passablement acrimonieux et vindicatif et je pense que toute la grâce qu'il pouvait faire aux *pauvres égarés*, ce serait de les condamner à être enfermés à *Bedlam*, pour une petite éternité.

Il ne faut pas cependant croire que j'accuse Voltaire d'être un méchant homme, tant s'en faut, car c'est à lui et surtout à l'immortel auteur *Des délits et des peines*, Beccaria, dont, ce me semble, on oublie bien le nom, qu'on doit l'abolition des atroces supplices et de la torture.

CHAPITRE XLVI.

Ma Constitution de 1860, mise à la disposition de MM. les Membres de la Chambre des Députés. — Discours sur l'inauguration de la statue de la République par M. de Marcère, le 30 juin 1878.

Mais pardon de cette longue digression, et revenons à la constitution que l'auteur de *Novutopie* faisait en 1860. Il s'en prend tout d'abord au suffrage universel qui, certes, à cette époque, était innocent et débonnaire. Après le crime du 2 décembre, il ne donnait à l'opposition pendant les dix-huit ans du second Empire, que cinq et plus tard neuf députés, parmi lesquels nous rappelons avec reconnaissance, le spirituel, gracieux et regrettable Ernest Picard.

Aussi le législateur de Novutopie admet-il le suffrage universel, mais 1° en écartant de l'urne tout citoyen qui n'est pas en état d'écrire le nom qu'il va y jeter, sans conscience de ce qu'il fait, et cela, avec quelques considérants, il sera facile de le faire admettre à l'opinion publique, dans l'intérêt de l'instruction du peuple, qui doit beaucoup à la loi de 1833 de M. Guizot, sur l'instruction primaire, mais qui est bien loin encore d'être chez nous au niveau des nations policées de l'Europe, en exceptant bien entendu la Russie.

2° Empruntant à la première constitution la distinction

des *citoyens actifs*, et dont elle exclut les hommes à gages,
le domestique, l'homme de peine, etc., etc.

3° A ce suffrage universel bistourné, il ne donne encore
que l'élection à deux degrés : ainsi les citoyens actifs
devront élire un *notable* à raison de un par cinquante ou
cent électeurs.

C'est que le législateur d'alors regardait le suffrage
universel comme un mal mortel à bref délai pour tout
gouvernement, à moins qu'on ne le faussât par la corruption et la peur, comme nous l'avons vu pratiquer tant que
le dernier Empire a duré.

Pourra être élu notable : tout citoyen âgé de vingt-cinq
ans qui exercera une profession libérale, fera un commerce, tiendra une boutique à son compte, sera chef d'a-
telier dans une grande manufacture.

Ne pourra être élu notable l'ouvrier, le journalier qui
reçoit chaque jour son salaire. Représentants élus pour
trois ans et rééligibles, session de trois mois, uniquement
pour voter le budget et faire le moins de lois possibles,
plurissimæ leges, corruptissima respublica.

A cette époque, l'auteur ne pouvait se figurer qu'on put
jamais inventer le jeu du refus du budget, bien qu'il eut
été alors moins dangereux qu'aujourd'hui, alors que nous
avons treize cent soixante-treize millions de dettes consolidée, flottante et viagère; mais il n'eut été nullement em-
barrassé, car il eut fait voter le budget par le Sénat.

Membres du Sénat : nommés par les notables et les
représentants réunis, pour cinq ans et rééligibles. A la
troisième réélection : inamovibles, etc., etc.

Suit un long chapitre sur l'organisation judiciaire, que
nous trouvons très-remarquable, mais que nous ne citons

pas au long, pour ne pas alourdir cette simple requête, seulement il ne confère l'inamovibilité à la magistrature qu'après trois réélections, etc.

Du reste, l'auteur de cette constitution, pour peu que celle de Messieurs Buffet et Wallon semble déjà un peu vieillotte, se met entièrement à la disposition de Messieurs les honorables membres de la Chambre des Députés, et ce, avec le plus pur désintéressement, car il compte quarante et un ans de services effectifs, quatre campagnes, une blessure, et quoique officier supérieur d'état-major, il se trouve avoir une retraite moindre de cinq cents francs qu'un sous-lieutenant d'infanterie, et ce, en vertu de la législation votée le 11 juin. Et il ne réclame nullement.

Certes, la République sait mieux rétribuer les défenseurs de l'État qu'on ne le faisait de nos jours ; si l'armée n'est pas contente, elle est difficile.

Au déclin de la vie, les années ne s'enfuient pas, elles *tombent*, suivant l'expression latine *labuntur anni*, elles tombent comme les corps graves dans le vide, avec la terrible progression 1 — 3 — 9 —..... : Miné par la fièvre, dévoré par l'ennui, asphyxié par le *tædium vitæ*, je sens que la vie m'échappe ; mais avant de m'en aller dans quelques jours, dans quelques heures, je veux laisser ces *postrema verba* d'un octogénaire, ne fût-ce que pour mes enfants et pour les rares amis qui me restent, car à l'âge où je suis arrivé, la terre qu'on foule aux pieds ne nous apparaît plus que comme un vaste cimetière.

On trouvera mon style vieilli, pâle, incolore, et cependant, si mes yeux versent beaucoup de larmes, elles ne tombent pas dans mon écritoire, car pour écrire, j'en suis réduit à invoquer une main amie. Or, je ne suis pas comme César, qui pouvait dicter à la fois en trois langues différentes, je regrette beaucoup ma plume qui, alerte, pimpante, grinçait sur le papier, courait un peu à l'aventure, je l'avoue, et m'a causé pas mal de chagrins. Mais aussi, elle m'a rendu de grands services ; dans mes désespoirs je m'en prenais à elle, comme l'immortel Goethe, qui, amoureux fou de sa Charlotte et ne rêvant que le suicide, se jette sur sa plume et tue Werther à sa place.

Mais aujourd'hui, *indignatio facit verbum*, et j'écris derechef. Ce 1ᵉʳ juillet, je suis encore tout abasourdi, tout consterné, tout effrayé, tout indigné, quand je viens de voir un million pour Paris, et certainement bien plus pour la province, jeté dans les pétarades, les lampions, feux d'artifice et retraites aux flambeaux, et ce, pour la fête de la Paix et de la Concorde. M. le ministre de l'Intérieur, qui est certainement un homme de beaucoup d'esprit, n'est pas heureux cependant lorsqu'il compare cette solennité ridicule à celle de la Fédération en 1790. C'est de bien triste augure, car cette fédération nous a amené, moins de deux ans après, les ignobles massacres de septembre.

J'ai été élevé à entendre répéter ces récits, parfois je me sentais honteux d'être Français, puis après en relevant la tête, je me disais : est-ce qu'on reverra de pareilles choses ?

Et cependant, nous avons revu, et nous aurions revu pis encore, si on n'y eût mis bon ordre, avec le progrès des lumières et à l'aide du pétrole tout Paris eut sauté comme Sodome et Gomorrhe.

Mais revenons-en au discours académique de M. de Marcère ; aujourd'hui, grâce à Dieu, la noble France s'est relevée, *incessu patuit dea*, elle marche et se révèle la Reine

du monde ; et ce que j'ai surtout remarqué dans le discours précité, c'est l'heureuse *quiétude* qui aujourd'hui
nous est donnée par ladite fête de la Paix et de la Concorde.

Je voudrais cependant demander à l'orateur s'il n'est
pas inquiet au sujet de son portefeuille.

Je prends la liberté grande, de faire observer, que deux
millions jetés en pétards font en définitive à 5 %, cent mille
francs de rente, et qu'au dire de M. d'Haussonville, très-
compétent dans la matière, il manque quatre mille lits
dans les hôpitaux de Paris et qu'on y refuse tous les jours
des malheureux ou des malheureuses ; que par ce temps
de prospérité toujours croissante, et qui nous semble être
à mi-route de la banqueroute, on a augmenté à Charenton,
de trois cents francs, les pensions payées par les parents
pour les fous, qu'on a divisés en trois classes, car la ville
est assez riche pour payer les lampions et les drapeaux,
mais pas assez pour secourir ces misères.

(Je ferme cette parenthèse.)

CHAPITRE XLVII.

Ici nous finissons la copie des pages dictées à bâtons rom-
pus et que nous avions l'intention de recoudre pour faire
une pétition à MM. les honorables membres de la Chambre
des députés, au sujet des invalidations.

J'ai donc enfin quitté le harnais militaire, mais je
cherche à être encore utile à mon pays, et en 1863 j'ai en-
trepris de traiter une bien grave question sous le titre :
« *Liberté du travail, vénalité des offices ministériels*, ou autrement dit la question des monopoles qui sont la ruine
d'un pays (1 vol. in-8° 200 pages).

Il est à remarquer que notre Lycurgue M. Gambetta dans
ses deux fameux discours de Romans et de Grenoble encore aujourd'hui tout retentissants, n'a pas effleuré cette
question cependant si importante. Il s'attaque à la magistrature parce que, au moyen d'investitures, il pourra satisfaire les convoitises de quelques frères et amis. Mais il res-
pecte messieurs les notaires, avoués, commissaires-priseurs,
etc., etc., parce que ici, au lieu de trouver des places à
donner, il faudrait traiter à beaux deniers comptants avec
les titulaires de ces offices, et pour les indemniser, dépenser
pas mal de millions.

Car, en réalité, ces officiers ministériels sont devenus propriétaires de leurs offices, puisqu'il leur est loisible de les vendre ; triste résultat des misères qui ont suivi la seconde invasion de 1815.

Et cependant ces millions, grand Dieu ! seraient bien plus fructueusement dépensés à racheter ces offices, qu'à faire des expositions, des opéras, des squares et à donner des fêtes.

Dans cette armée d'officiers ministériels, il y a certes un bien grand nombre d'hommes fort honorables, et parmi les notaires, par exemple, je compte deux amis, l'un d'ancienne date à Paris, l'autre de récente date, dans un coin bien reculé de la France, à Callac-de-Bretagne ; à mon âge on fait rarement de nouvelles amitiés, et j'ai été heureux de trouver celle-là.

Mais tout cela n'empêche pas que lorsqu'on paye huit cent mille francs une charge de greffier au tribunal de première instance de la Seine, autant pour toute étude de no-taire à Paris....

Quant à MM. les commissaires-priseurs, pour remplir cette importante charge, il suffit, au terme de l'ordonnance qui les régit, d'être Français, majeur, jouissant de leurs droits civils, et de n'avoir jamais été commerçant, et de plus de trouver cent trente à cent cinquante mille francs, pour être sûr de gagner dix mille francs par an, sans même rien faire, car la compagnie doit leur assurer cette rente.

Le regrettable président M. Bonjean disait à la tribune que MM. les agréés se faisaient *cent mille francs* par an.

On avouera que les titulaires desdits offices ministériels doivent cruellement s'évertuer aux dépens du malheureux client taillable et corvéable à merci, qu'ils sont en un mot de véritables sangsues et qu'ils drainent la fortune publique.

Dans les campagnes, un brave homme est parvenu à la sueur de son front, et ici ce n'est pas une expression banale, à acquérir quelques lopins de terre, à amasser une petite fortune pour ses enfants; il meurt, et tout aussitôt, notaire, avoué, huissier, le fisc, avec les droits de succession, s'abattent sur leur proie, la disséquent, et à peine si l'héritage paiera les frais. Aussi, le paysan déserte la terre qui le nourrissait, et dont il était si fier de posséder quelques lambeaux; il achète des titres au porteur, dans l'espérance de les dérober aux rapacités de ces espèces malfaisantes, ou bien encore, il plaçait son argent, naguère, dans l'emprunt mexicain ou en Californie, et de ces pays lointains il ne voyait jamais rien revenir.

Tout récemment, dans les Algériennes, dans le chemin de fer de la Vendée, et alors il tombe en tribunal de commerce dans l'engeance aussi dévorante des syndics. Les bras manquent à la culture des terres, qui ne trouvent plus d'acheteurs et bientôt de fermiers qui veuillent les louer.

C'est un état de choses bien effrayant, et cependant, c'est le résultat inévitable des monopoles et des frais de justice exorbitants qu'ils traînent avec eux.

Cette question si importante m'a poursuivi jour et nuit, si bien qu'en 1865, j'adressai une nouvelle pétition au Sénat (brochure in-8°, 50 pages).

Le regrettable M. de Loménie m'a souvent raconté qu'il avait été dépêché par Mme Récamier, désirant partir en villégiature auprès de son illustre et difficile malade M. de Chateaubriand, et que son office consistait à lui lire... les œuvres de Chateaubriand ; que le grand homme poussait des exclamations, criant : « Beau ! très-beau ! et se pâmait d'admiration. »

Dernièrement, je me faisais relire l'opuscule dont je viens de parler et qui n'est, du reste, que le résumé du travail d'un grand criminaliste, M. Béranger de la Drôme, et de celui de M. Cottu sur la procédure criminelle en Angleterre, qui fait honte à la nôtre encore sauvage et barbare.

Une chose à remarquer, c'est que bien certainement la France est la reine des nations, seulement elle ne marche pas en tête, mais en queue, et toujours avec quelques quarts de siècle en retard ; et en effet, dans le petit Piémont, il y avait déjà longtemps que le monopole des notaires était détruit, et que tout citoyen pouvait exercer ces fonctions, moyennant diplôme et cautionnement. C'est encore au Piémont que nous avons emprunté l'avocat des pauvres. J'avouerai, modestie à part, que je fus assez content de moi-même et de la manière succincte et précise dont j'avais traité la question dans cet opuscule.

Il serait temps que nos gouvernants prissent pour devise : *Res, non verba,* au lieu d'éparpiller par toute la France : « *Verba et voces, præterea nihil.* »

Je prends la liberté d'offrir un des rares exemplaires de mon opuscule à M. Gambetta. S'il daigne me lire, ce sera pendant ce temps un discours de moins et toujours cela de gagné.

A Grenoble, il disait avant-hier, en s'adressant ironiquement au clergé : « L'ère de Dioclétien est revenue, les lions attendent dans le cirque... » Et au milieu de ce peuple imbécile qui rit et bat des mains, il ne se lève pas une voix pour lui crier : « *Et la Commune !* »

C'est qu'en effet, les lions du cirque étaient moins cruels que les hyènes de la Commune qui ont si longtemps et savamment torturé les dominicains, gendarmes et sergents de ville. Après cela, M. Gambetta nous parle des dates sinistres du 24 mai et du 16 mai ; quant à nous, nous n'y voyons de sinistre que le refus du budget, arme bien dangereuse, maniée par des mains bien imprudentes, véritable brandon de guerre civile.

Quant au Sénat, il lui fait sa leçon : Qu'il ait garde de prononcer une seconde dissolution, et cependant il sera forcé d'avouer qu'elle était alors bien motivée, et le résultat infaillible d'un refus de budget.

CHAPITRE XLVIII.

Le capitaine Godard. — Confessionnal des Jésuites.

Je ne veux pas terminer cet opuscule sans remplir un devoir de piété amicale, dire un dernier adieu à Godard et jeter encore quelques fleurs sur sa tombe.

En le perdant, il me semble que j'ai perdu la meilleure moitié de moi-même, car ainsi que Montaigne disait de La Boëtie, je puis dire : « *Lui c'était moi, moi c'était lui.* » Deux âmes en partie double et dans le même corps et si bien équilibrées qu'elles s'accordaient toujours. Il est vrai que l'âme de Montaigne était fort placide, puisqu'il voit d'un œil très-philosophique les massacres de la Saint-Barthélemy; si son gracieux souverain a donné une saignée à son bon peuple, c'est apparemment qu'il avait jugé qu'il en avait besoin et que ce devait être ainsi; il ne s'en émeut pas autrement. Quant à l'auteur de la *Servitude volontaire*, le jeune La Boëtie, il paraîtrait qu'il avait plus de ressorts, mais en tout cas il n'était pas moins que son ami, un zélé et loyal royaliste.

Il n'en est pas de même de moi et de Godard; il y avait certainement entre nous des dissonnances, car nos âmes étaient en contradiction et se chamaillaient sans cesse.

Il faut dire aussi que Godard m'a causé bien des chagrins : je ne veux pas parler de son enfance ; mais quand arriva l'âge des amours, grand Dieu !...

Je me rappelle un mot de cette charmante Sophie Arnould, l'émule de Ninon de Lenclos : « Ah ! je l'aimais, « l'ingrat !..... il m'avait fait espérer qu'il viendrait, je « comptais les minutes, les secondes ; à chaque bruit mon « cœur battait à se fendre..., et il ne venait pas.... j'étais « saisi d'un morne désespoir. Puis vinrent les larmes, je « sanglotais. — Puis ce cri partit du cœur : *Ah ! l'heureux* « *temps !!!...* »

Oui, ah ! l'heureux temps de la jeunesse ! alors que tout nous apparaît avec des prismes chatoyants, alors qu'on sent en soi une telle exubérance, une telle surabondance de vie, qu'on la dépense follement à tous les airs de vents.

En effet, il est à remarquer qu'il se commet bien plus de suicides dans la jeunesse, alors qu'on a tant à perdre, que dans la vieillesse où l'on n'aurait plus que des souffrances à abréger.

Et, à ce propos, il faut que je fasse une confession pénible pour moi et pour mon ami : j'étais en quelque sorte son Mentor, mais lorsque je le retrouvai après un instant d'absence, pâle et défait, le malheureux fut bien forcé de me dire en rougissant ce qu'il avait fait.

Il s'était procuré une dose double de laudanum, et dans un transport de désespoir, il avait tenté d'en finir avec la vie qui désormais n'avait plus d'intérêts pour lui puisqu'il était trahi.

Le pauvre Godard s'était figuré sans doute niaisement qu'il allait ainsi doucement passer de vie à trépas, comme s'il avait avalé du *hachich*. Mais il n'en fut rien, et il tomba dans un sommeil horriblement agité par des douleurs inex fernales de tête qu'il garda pendant longtemps, après avoir été réveillé par d'horribles crampes qui lui tordirent tout le corps.

Je puis assurer qu'il était bien penaud et qu'il n'avait nulle envie de recommencer, mais la médecine un peu rude eut du moins ce bon résultat de calmer son désespoir et de le guérir de son amour.

Mais passons sur cette époque de folle jeunesse et voyons-le arriver à l'âge de raison.

Il était question de le marier avec une demoiselle de ***. On sait comment les mariages se brassent en France. Des amis ou souvent des dames s'entremettent, et il y a tel jeune homme, dont les parents sont très-bien posés et qui peut espérer d'arriver ; puis il y a mademoiselle une telle, qui a une jolie dot comptant, ou telle autre qui a, elle, *des espérances*, c'est-à-dire qui aura bientôt à pleurer un grand-père ou un grand-oncle.

Cela me rappelle le mot d'un plaideur au très-spirituel président de notre tribunal civil pendant la Restauration : « Mais, monsieur le président, si j'avais le malheur de perdre mon père, je serais *très à mon aise.* »

Mon Godard avait déjà eu des pourparlers avec la demoiselle de ***, il avait même dansé avec elle une ou deux contredanses, il lui avait beaucoup parlé, elle l'avait écouté sans parler, et lui avait trouvé beaucoup d'esprit.

Mais un très-haut et très-puissant personnage voulut bien penser à mon Godard et lui envoyer le conseiller à la cour de cassation R..., pour lui faire connaître qu'il avait vu son dossier, et que ce n'était pas une promesse de grade, mais un grade qu'on lui donnerait pour corbeille de noce.

s'il parvenait à se faire agréer par la demoiselle G..., fille d'un général qui avait été tué sous ses ordres.

Godard n'hésita pas et répondit qu'il était trop avancé avec la demoiselle de ***, que si on trouvait un parti plus avantageux pour elle, il serait très-mortifié d'être ainsi éconduit ; et les choses en restèrent là.

Après cela, mon Godard me fait bien l'effet d'avoir été assez fat, pour se figurer que la demoiselle de..... s'était éprise de sa personne et qu'il y aurait de la cruauté à la désespérer.

Les hommes ont si bonne opinion d'eux-mêmes, et sont assez sots pour ne pas voir que ces demoiselles rougissantes qu'on leur présente s'occupent, en général, assez peu du mari qu'elles auront, et que ce qu'elles veulent avant tout, c'est le mariage : c'est-à-dire, sortir de la tutelle de leurs honorables mères, avoir une maison, un jour pour recevoir, être maîtresses chez elles, et aller aux bains de mer.

Mais mon ami Godard entre dans une nouvelle phase de sa vie. Je ne sais si la veille de son mariage, pour obtenir son billet de confession, il a, à force de *meâ culpâ*, obtenu son absolution ; ce qu'il y a de certain, c'est qu'il est tout à fait changé, si bien que je ne le reconnais plus.

Il avait en lui un sentiment religieux inné ; « en effet, disait-il souvent, que sommes-nous donc venu faire dans cette vallée de misères, pour si peu de temps et pour tant souffrir, si nous ne croyions pas à Dieu et à une autre vie ? »

Outre cela, il était profondément pénétré de la sainteté du mariage, et détestait ses erreurs de jeunesse. Il se fit l'humble adorateur de la jeune vierge qu'il avait menée à l'autel ; il l'accompagnait au mois de Marie, il s'étudiait à lui complaire, il se faisait son esclave dévoué.

M. Alexandre Dumas fils a dit quelque part: « *Les affaires, c'est l'argent des autres.* » Eh bien ! les amours interlopes, c'est la femme des autres. Or, je ne crois pas du tout qu'en pratiquant ces amours damnables, on apprenne à se conduire avec la femme légitime qui nous est rivée par un nœud indissoluble.

On a subi les adorables caprices d'une maîtresse, mais après tout c'est une servitude volontaire qu'on peut au besoin rejeter si elle devient trop tyrannique.

Mais avec votre femme, prenez-y garde ; vous ne pouvez deviner jusqu'à quel point ce despotisme pourra croître de jour en jour, et s'exaspérer.

J'ai été témoin d'un fait: une dame avait attelé à son char un galant homme qui avait une position assez importante à Paris et laquelle réclamait sa présence jour et nuit.

La dite dame était dans une ville distance de 80 lieues de Paris, et notez bien qu'elle devait 15 jours après venir embellir la capitale de sa présence ; voilà tout à coup qu'elle est prise d'une fantaisie d'essayer jusqu'à quel point elle pourra abuser de l'empire qu'elle a sur son *patito* : elle le réclame, et celui-ci part, fait ses 160 lieues et le lendemain était revenu à son poste.

Le mari débonnaire savait la chose et me parlait assez tranquillement des caprices des femmes :

— Ah ! lui répondis-je, ne me parlez pas de ce voyage, la moutarde me monterait au nez ; Harmodius n'eût pas demandé un pareil sacrifice à Aristogiton.

Certes, il ne m'appartient pas de pénétrer dans l'intérieur d'un ménage: mais enfin, il ne pouvait m'échapper que madame Godard avait bien souvent besoin d'aller prendre l'air du midi pour cause de santé, qu'elle sevrait un peu bien vite ses enfants, pour n'en être pas embarrassée dans ses voyages, en un mot, elle me semblait avoir apporté un goût congénial pour la locomotion qui était peut-être un héritage de sa famille maternelle.

Tant est que le pauvre mari restait cloué à son service, avec une vieille cuisinière, menant une bien triste existence, car il n'avait plus ses plaisirs de la vie de garçon ; il était si vertueux qu'il ne se fût pour rien au monde permis une distraction ; « et enfin, lui disais-je parfois, vous allez vous river au cou une chaîne si lourde que bientôt vous ne pourrez plus la porter ; et puis après, je vous vois courant après votre femme et demandant l'aumône à la porte d'un cotillon, comme si vous étiez à celle d'une chapelle : Faut de la vertu, mais pas trop n'en faut. »

Mais ce fut bien autre chose lorsque, pour changer d'air, il prit fantaisie à la dame d'aller respirer l'encens qu'on brûle dans les sacristies, lorsque, passant du confesseur au directeur, elle fit de longues stations rue des Postes, le quartier général, dans ce temps, des *Pères de la Foi*. La maison conjugale ne fut plus qu'un enfer où du reste elle ne paraissait guère, car elle était toujours, soi-disant, à l'église ou chez son directeur.

Ce fut alors que le pauvre Godard fut intrigué et voulut savoir ce que directeur et confesseur, dont elle s'était jusqu'alors passée, pouvaient avoir tant à lui dire. Il se procura l'ouvrage du R. P. Debreyne, trappiste, qu'il a intitulé : « *Mœchialogie* (horrible barbarisme !) ou traité des péchés contre les sixième et neuvième commandements du Décalogue, et de toutes les questions matrimoniales qui s'y rattachent, etc... » Puis l'ouvrage de Mgr Bouvier, évêque du Mans, intitulé : *Dissertatio... ad usum meorum confes-*

sorum, lequel est le manuel des séminaristes de Saint-Sul-pice et autres. Le livre longuement détaillé est heureuse-ment en latin, mais un latin qui brave tellement l'honnêteté qu'il est intraduisible.

J'avoue que je n'ai jamais pu comprendre comment on met dans les mains de jeunes gens de pareils *stercora*. Si j'avais trouvé quelque chose de semblable dans une caserne aux mains d'un soldat, j'eusse brûlé le volume et mis l'homme à la salle de police.

Godard avait vu en Espagne les *quemaderos* (poteaux en fer), encore tout suintants des victimes de la sainte Inqui-sition : il avait été à Rome poursuivi par l'anathème sorti de la bouche de l'auteur de l'*Indifférence en matière de re-ligion*, l'illustre Lamennais, aujourd'hui si oublié :

« Il me restait à voir Rome ; j'y ai été; et là j'ai trouvé
« le cloaque le plus impur qui ait jamais pu souiller la vue
« des hommes : le gigantesque égoût des Tarquins serait
« trop étroit pour laisser passer toutes les immondices. »

Il est vrai que c'était sous le pontificat de Léon XII ; et sous le vénérable Pie IX, les choses ont certainement chan-gé, la Ville Éternelle s'est purifiée.

De retour en France, Godard eut la fatale curiosité de lire les ouvrages édifiants qu'on met dans les mains des Lévites à qui nous confions nos femmes et nos filles ; alors il se rappela les mots qu'écrivait J.-J. Rousseau à la véritable marquise de Créqui : « Je suis trop bon chrétien pour être
« catholique — et trop religieux pour croire à la divinité
« de Jésus-Christ. »

Et Godard, sans apostasier, adopta la première de ses propositions, et traduisit l'Église catholique, apostolique et romaine par ces trois termes ;

Célibat des prêtres, monstruosité.

Confession auriculaire, obscénité.

Infaillibilité du pape, absurdité.

Quant à la seconde proposition, il ne voit pas pourquoi l'on cesserait de vénérer et même d'adorer, si l'on veut, Jésus divinisé par sa mort, comme dit M. Renan ; ou mieux encore, Jésus suscité par la Divinité, pour porter la bonne nouvelle ici-bas, c'est-à-dire la sainte morale de la Charité et de la Fraternité.

Chacun de nous se fait son Dieu, à la hauteur de ses facultés intellectuelles, à la hauteur des aspirations de son âme. D'autres, et c'est le plus grand nombre, reçoivent un Dieu tout fait ; ils ont raison, car c'est plus commode ; mais qu'ils ne viennent pas anathématiser le Dieu que nous portons dans notre sein et nous crier : « Hors l'Église, point de salut !! » car nous leur répondrons avec l'immortel Gœthe : « Dieu est assez bon et son paradis assez grand pour recevoir tous les hommes quel qu'ait été le culte qu'ils ont suivi, s'ils ont pratiqué la grande maxime : « Ne fais pas à autrui ce que tu ne voudrais pas qu'on te fît. »

Godard se mit à écrire d'une main fébrile le *Confessionnal des Jésuites*, assez mal nommé, car les ouvrages édifiants que nous venons de citer servent aussi bien dans l'ordre séculier que dans l'ordre régulier, et l'ouvrage fut imprimé en 1844.

Habent sua fata libelli. Je n'eus pas de peine à faire comprendre à mon ami qu'on verrait trop facilement que des larmes véritables avaient tamisé dans ces pages et que pour des raisons qu'il reconnut sans difficulté, il valait mieux que l'ouvrage imprimé restât sous le boisseau et ne fùt pas publié. Ce qui eut lieu. Il n'en donna pas plus de quatre à cinq exemplaires.

Mais, une vingtaine d'années après, à la mort de sa vénérable mère, on vendit la moitié de l'édition restée en feuilles, à tant la livre, tandis que le reste broché dormit dans un grenier. Aussi fut-il bien étonné, lorsqu'un jour, passant par la place Saint-Sulpice, devant le magasin d'un industriel, nommé Valette, collecteur d'autographes, etc., il vit à sa vitrine, étalé, son *Confessionnal des Jésuites !!!....* Tout aussitôt il entra, et : Comment avez-vous cet ouvrage, lui dit-il ?

— Je l'ai acheté à une vente.

— Cela ne se peut, car je n'en ai pas vendu.

— Oui, mais j'avais les feuilles entières et je les ai fait brocher.

— Je ne sais pas jusqu'à quel point vous étiez en droit d'agir ainsi. Eh bien ! en avez-vous beaucoup vendu ?

— Oui, et même aujourd'hui un prêtre est venu me demander de lui livrer tout ce qu'il en restait d'exemplaires sans exception.

C'est ainsi qu'eut lieu, en dépit de l'auteur, subrepticement et frauduleusement, la publication du livre. Dès lors, Godard se crut parfaitement autorisé à mettre en vente les 700 exemplaires que les souris avaient respectés, ne fût-ce que pour rentrer dans les déboursés de ses frais d'impressions.

Tout aussitôt, Valette eut une seconde visite du prêtre qui, furibond, lui lança ces mots dans la figure : « *Vous ne le porterez pas en Paradis !* » Malheureusement le peu charitable ecclésiastique ne fut que trop bon prophète.

Mons Valette se fit, en 1871, communard et ne combattit pas sur les barricades, mais il se mit dans le service des vivres, et maladroitement se laissa prendre le 25 mai à la mairie du Panthéon.

On traîna pendant deux jours le pauvre diable qui ayant quitté sa place Saint-Sulpice avait été se loger dans un splendide hôtel appartenant à un libraire en renom. Il n'avait probablement pas payé quelques termes arriérés à son propriétaire, peut-être bien aussi que, le peu charitable ecclésiastique l'avait si bien recommandé, qu'au bout de ses deux jours de promenade il fut conduit à la Salpêtrière et finalement fusillé. Toujours est-il que le propriétaire acheta à vil prix la collection d'autographes, parmi lesquels il y en avait de fort curieux.

J'ai regretté beaucoup le pauvre Valette, d'autant mieux que j'étais avant l'horrible guerre en arrangements avec lui pour éditer une œuvre posthume de mon ami Godard, intitulée : *Petit traité de philosopie conjugale.*

Il avait peint le mari Othello, le mari débonnaire, etc., et il en avait pris occasion de faire quelques monographies des personnages qu'un mari doit éviter de recevoir dans une trop grande intimité.....

En première ligne, le médecin, qui pourrait bien donner audit mari une potion calmante qui le guérirait de tous ses maux et même de la vie qui est le pire de tous ;

2° L'avocat ou le substitut du procureur qui pourrait bien amorcer une petite séparation pour se rendre utile.

Malgré ses chagrins matrimoniaux, le brave Godard ne reconnaît pas dans son œuvre, au mari, le droit de vie et mort sur sa femme, même dans le plus flagrant cas de coups de canif dans le contrat. On voit qu'il est loin d'être aussi féroce que M. Dumas fils qui n'a pas craint de dire au mari, s'il reconnaît avoir été trompé :..... *tu l'es, tue-la*.

Quant au *Confessionnal des Jésuites*, je ne sais pas comment cela s'est fait, s'il a été la proie d'un auto-da-fé, ce qu'il y a de certain, c'est qu'un de mes amis a proposé une somme considérable, eu égard au mérite du livre, pour s'en procurer un exemplaire, et qu'il n'a pu y parvenir.

Il m'en reste deux exemplaires, et je recommande à un éditeur bien avisé la réimpression du livre, parce que je le crois d'une saine morale, et très-utile à connaître par les parents et maris pour leurs femmes et leurs filles.

Mais ce diable de livre a été en vérité une boîte à surprises ; ne voilà-t-il pas qu'une vingtaine d'années après, Godard reçoit la lettre suivante, que nous allons copier textuellement et qui est digne de toute l'attention du lecteur :

Paris, 20 juin 1863.

Monsieur,

La démarche que je tente auprès de vous est étrange et folle ; vous pouvez y voir une raillerie, un badinage ou un caprice ; vous pouvez y répondre par le silence, par la plaisanterie. Cependant on a joué toute une existence sur l'espoir presque insensé que l'instinct de votre cœur vous révélerait ce qu'il y a de sincère, de grave dans la question qu'on va vous faire. Votre cœur est-il libre ?

On s'adresse à votre honneur, à votre loyauté : pouvez-vous répondre à une affection nourrie depuis la première fois que j'ai lu votre ouvrage : *le confessionnal des Jésuites* ; votre vie enfin où toutes vos impressions d'amour, vos cris de désespoir, s'échappent de votre pauvre cœur brisé, pour les livrer au public.

Que de femmes en lisant ce livre ont dû éprouver ce que j'éprouve pour vous : affection et vénération.

Refuserez-vous d'entendre quelquefois les accords d'une voix amie ?

Ceux qui ont souffert doivent venir à ceux qui souffrent.

Répondez ?.... Voulez-vous de cette affection de femme, d'amie, de sœur, comme vous le voudrez ?

Bien des hommmes seraient fiers de le partager ; je ne vous dis pas cela par orgueil, car cet amour on le met à vos pieds avec autant d'humilité que de crainte. Je suis libre, je puis donc vous consacrer une vie tout entière.

Dites un mot, et vous saurez qui vous écrit cette lettre ; non, il est impossible que ce cœur tout de feu soit éteint à tout jamais sous le regard d'une femme aimée.

Répondez à Madame ***, poste restante.

Cette lettre fit évènement dans l'existence du pauvre Godard : mais il était trop loyal pour ne pas s'empresser de détromper l'aimable auteur, qui certainement n'avait pas remarqué la date de l'impression, et par conséquent, n'avait pu se rendre compte que 20 années avaient passé sur la tête de celui qui avait écrit le *confessionnal des Jésuites*.

Celui-ci, nous le répétons, était trop sincère et trop généreux pour tendre un hameçon perfide à la femme exaltée au cœur plein de feu, qui avait dû beaucoup souffrir et dont l'âme endolorie s'épanchait en des accents si touchants, si pathétiques et si vrais qu'il était impossible de croire à une mystification ; il aurait craint de la frapper trop cruellement en lui montrant la triste réalité.

Du reste, si la dame passionnée et romanesque vit encore

et si le hasard fait tomber sous ses yeux ces lignes, nous pouvons lui affirmer que Godard s'est longtemps préoccupé d'elle ; il la cherchait dans son entourage et dans la foule, elle lui apparaissait en songe, en mourant il pensait à elle, et dans ses espérances de la vie à venir, c'était encore elle qu'il entrevoyait dans un monde meilleur où elle lui tiendrait compagnie et lui ferait oublier cette autre femme qui a fait son malheur ici-bas.

Une vieille femme demandait à Mahomet si elle entrerait dans le paradis.

Le prophète, assez mal disposé ce jour-là, lui répondit durement :

— Il n'y a pas de vieilles femmes dans le paradis.

La pauvre vieille de gémir et de sangloter.

— Je vous dis qu'il n'y a pas de vieilles femmes dans le paradis, parce qu'elles n'y entrent que rajeunies et dans tout l'éclat de leur beauté.

CHAPITRE L.

Conclusion.

Si je me permettais souvent de morigéner l'ami Godard, celui-ci n'était pas en reste avec moi, et ne se faisait pas faute de m'adresser des vérités parfois fort dures ; que j'étais raide, rogue, plein de morgue, et de plus il avait la mauvaise habitude de ressasser toute mon existence, à partir de cette mauvaise brochure faite en 1828 à l'instigation d'un général bel esprit, qui, lui, fut fidèle toute sa vie au précepte édicté par le grand Napoléon : *(qu'il faut savoir se plier aux événements)*, et aussi me laissa-t-il tombé à plat, avec perte d'un grade.

Plus tard il me reprochait ma malencontreuse étude sur l'arc de triomphe de l'Étoile, destiné à perpétuer le souvenir de nos *victoires* et *conquêtes*, suivies de tant de désastres.

M'est avis que l'on eût mieux fait d'employer à les réparer l'argent dépensé pour élever ce fastueux monument qui n'était qu'une copie assez maladroite des arcs de triomphe romains.

En effet, sur la façade qui regarde Paris on voit à gauche un bas-relief du style sec et correct de notre premier empire, il est de Corot ; à droite, c'est du romantique, échevelé, dégingandé, il est d'Etex : le tout assez bon pour

les Parisiens, mais formant un contraste disparate et disson-
nant pour l'œil d'un connaisseur.

Mais pardon de la digression ; je m'amusais un peu aux
dépens de quelques noms consacrés à l'immortalité par le
fastueux monument : or ces noms appartenaient à des
généraux très-vivants, qui me gardèrent des rancunes très-
vivaces.

Plus tard, le prince président d'une soi-disant République a
la bonté de m'envoyer son premier aide-de-camp que j'avais
connu à Metz pour me dire qu'il serait bien aise de me
voir, je rejette cette offre avec la magnanimité d'Hippocrate
refusant les présents d'Artaxerxès, et mon Godard concluait
que je m'étais conduit comme un sot, que je m'étais fait
moquer de moi, et que mon ami et frère d'armes Alfred de
Vigny avait eu raison de me dire : que je n'avais jamais eu
de plus cruel ennemi que moi-même. — A cet ami trop
véridique, je répondis que je ne m'inquétais pas qu'on se
moquât de moi, pourvu que ce ne fût pas en face ! que
je reconnaissais humblement avoir commis beaucoup
de sottises ; quant à en dire, il s'en fait un si prodigieux
débit tous les jours, dans la presse de tous les partis et
dans les discours tenus après boire à la cantonnade, il était
tout naturel que je me misse à l'unisson de mes chers
concitoyens, qui, paraît-il, se seraient plutôt passés de
leur café que de cette nourriture indigeste.

J'ai connu en effet Alfred de Vigny lorsque, en 1814, il
entra dans les gendarmes de la maison rouge du roi, et
depuis nous ne nous sommes pas perdus de vue, et j'ai lu
avec un grand plaisir son *Cinq-Mars* qu'il composait pendant
qu'il était capitaine dans je ne sais quel régiment d'infanterie, puis *Grandeur* et *servitude militaire*, puis ces *Diables*

bleus, ouvrage dont il me fit don et que je conserve précieusement dans ma bibliothèque.

Nous cessâmes de nous entendre lorsque, un jour dans la cour du Carrousel, nous nous rencontrâmes et j'eus une assez longue discussion qu'il termina par ces mots : « qu'il s'arrangeait parfaitement du silence à l'intérieur, pourvu qu'il y ait gloire à l'extérieur. »

Je répondis que nous nous étions longtemps nourris de gloires, viande creuse qui ne nous avait rapporté que la haine de toute l'Europe, que quant au *silence* il ne partageait donc pas l'avis de Pascal qui dit, *que c'est le pire des supplices.*

J'avoue que je fus fort étonné, que l'auteur d'Eloa et des autres ouvrages très-monarchiques que je viens de citer, se fit porter pour obtenir la charge de gouverneur du jeune prince impérial.

Alfred de Vigny, quelques jours avant sa mort, exprima le désir de me voir ; je m'empressai de courir à la rue des Écuries d'Artois où il logeait.

— Mon cher, me dit-il, vous n'avez pas avancé, parce que vous ne l'avez pas voulu. — Et comme je me récriai, il continua :

— D'après ce que vous-même m'avez dit, entre nous, quand on n'est pas Racine, Corneille ou Molière, il ne faut pas se mêler d'écrire.

A ces mots je bondis, et je lui répondis : — Comment donc recruteriez-vous votre académie ? — et je lui citai depuis A jusqu'à Z un nombre d'académiciens qui n'ont jamais été Racine, Corneille ou Molière.

Ici me revient un souvenir, ou plutôt un remords :

J'avais eu à l'école d'État-major un répétiteur dont j'avais grand besoin pour m'aider à passer mes examens de sortie, c'était un fort aimable garçon du nom de Guérard, ancien élève de l'école polytechnique, lequel avait été professeur du jeune duc d'Orléans.

Or, je venais de faire en 1831 une réponse à la *dernière brochure de M. de Châteaubriand par un soldat* et je me trouvais à l'orchestre du Vaudeville, heureux d'être à côté de l'aimable et spirituel Charles Nodier : on donnait *l'Éditeur responsable*, qui répond au président, qui lui demande si c'est lui qui a fait l'article poursuivi : « *Oui, m'sieu le président, c'est moi qui l'a fait.*

Dans l'entr'acte, Guérard vient à moi et me demande si je suis l'auteur de la réponse ! — « *Oui, c'est moi qui l'a fait* ».

— Eh bien, poursuit Guérard, le prince désire vous voir, j'irai vous prendre demain à midi.

Je ne sais ce qui me passa par la tête, je crus sans doute faire de l'esprit, et d'un ton rogue je lui répondis : « Eh bien, non ! je n'irai pas ! je ne veux pas avoir *l'air d'un chien qui hurle pour qu'on lui jette un os à ronger.* »

Ah ! combien de fois j'ai regretté de m'être ainsi privé, par ma sottise, du plaisir de voir une fois de plus ce prince si gracieux, si spirituel et si sympathique, qu'on se trouvait réconforté rien que de le voir, nous eût-il donné un peu d'eau bénite de cour, tant il s'en acquittait avec esprit ; il tenait du bon roi son père, et surtout de son grand aïeul Henri IV.

Ah ! pauvre prince, si tu avais vécu, tu nous aurais sans doute sauvé de toutes les misères que nous avons subies et que nous subissons encore.

Miné par la fièvre, dévoré par l'ennui, asphyxié par le dégoût de la vie, j'ai perdu le 30 août 1875, par un horrible accident, mon chien qui, vertueuse bête, par sa haute intelligence et par les qualités de son âme, mériterait certainement le prix Monthyon, si *toutes* ses perfections étaient connues.

J'ai perdu, en 1877, la pauvre servante qui, depuis quatorze ans, m'était dévouée : les deux créatures qui, après ma vénérable mère, m'ont le plus tendrement chéri.

L'aveugle a perdu son chien et son bâton de vieillesse.

Aussi je n'aspire qu'à rejoindre mon ami Godard ; je quitterai sans regret un pays où il n'y a pas de repos, — où l'on ne sait s'il y aura un lendemain, — où l'on fait des grands hommes de carton qui, oubliés le lendemain, tombent comme des capucins de cartes, — où l'on parle sans cesse au peuple de sa souveraineté sans s'occuper à soulager ses misères, — où à chaque coin des rues on trouve des mendiants qui pullulent, et où l'on donne des expositions, des fêtes ruineuses, au lieu d'augmenter le nombre des lits dans les hôpitaux qui en manquent, et de fonder des asiles ; et cela parce que l'on n'est occupé que de mendiants d'antichambre pour leur donner la sportule et à leur trouver des places : c'est sans doute ce qu'on appelle l'avènement des nouvelles couches sociales.

Je ne me suis jamais senti plus fier d'être Français, même en contemplant la colonne, parce que, si la guerre est le plus horrible des fléaux, elle est encore plus bête qu'elle n'est atroce. Vainqueurs et vaincus se trouvent toujours plus mal après qu'avant.

Puis je me rappelle toujours ce quatrain collé, lors de l'inauguration, au piédestal de ce monument, que *n'osent contempler les mères :*

Tyran, juché sur cette échasse,
Si le sang que tu fis verser
Pouvait tenir dans cette place
Tu le boirais sans te baisser.

Je quitte sans regret la France tombant sans cesse de fièvre en chaud mal, se débattant dans l'anarchie ou s'aplatissant sous les pieds d'un maître, — cette France toujours en mal de constitutions et de révolutions.

EXEGI MONUMENTUM AERE LEVIUS.

Car dans notre belle France, en l'an de grâce 1878 — brochures et discours, grands hommes et constitutions.... autant en emporte le vent.

Il faut ici quelques mots d'explication...

Admis à jouir du bénéfice de la retraite réglée à dix-huit
cent trente-huit francs le 26 décembre 1856, j'ai fait mes
adieux à l'armée et crois en avoir bien mérité, en publiant :
Les forces militaires des principales puissances de l'Europe.
Cet ouvrage était le fruit d'une longue expérience, de travaux incessants sur la justice militaire et au conseil d'État.
Il a reçu dans la presse étrangère un très-bon accueil et en
a valu à l'auteur lui-même un non moins bienveillant
à Londres, Berlin, Vienne et Turin.

En 1861, l'empereur Napoléon III, voulant se faire bien-
venir de l'armée, augmenta dans une proportion assez
forte les retraites ; — il est si doux de faire le bien surtout
quand il n'en coûte rien ! Quelque temps après, je fus appelé
à la mairie de mon arrondissement et on me demanda si
je désirais qu'on augmentât ma pension : je répondis que
je n'étais pas riche, mais que je craignais de nuire à des
officiers qui, sans doute, avaient plus besoin que moi qu'on
vînt à leur aide.

Mais voici que la troisième république, voulant se donner
l'armée à tout prix, coûte que coûte, bien entendu que ce
sera nous, contribuables (gens taillables à merci), qui

paierons les frais, augmente encore les retraites, tellement que, chef d'escadron d'état-major, comptant quarante-un ans de service effectif, quatre campagnes et une blessure, je me trouve avoir une pension moindre de cinq cents francs environ qu'un sous-lieutenant d'infanterie de ligne : et ce, en vertu de la loi du 22 juin 1878.

Cette disposition me semble exorbitante et je prends acte de ma réclamation : incontinent on me répond *que la loi du 22 juin 1878 ne concerne que les officiers retraités d'après le tarif de 1861.*

On sera bien forcé d'avouer que ce serait cruellement inique, et, tranchons le mot, absurde.

Quoi ! parce que j'aurais eu la délicatesse, peut-être exagérée par le temps qui court, de ne pas demander une augmentation de traitement en 1861, je serais aujourd'hui fort clos ; et d'autres malheureux le seraient également, eux qui ont beaucoup plus dépensé et si peu reçu, car il faisait alors très-cher servir, à une époque où l'État ne fournissait pas de chevaux et où des ordonnances maladroites nous condamnaient, surtout dans le corps d'état-major, à des travestissements comme dans une pièce de féerie.

Ce sont ces derniers dont je me fais avocat, et j'en appelle à M. le ministre de la guerre, président d'une commission composée de deux généraux (dont l'un par parenthèse est mon ancien camarade dont j'ai gardé un bon souvenir, M. Robert...), et de quelques autres officiers.

Si ladite commission a ainsi interprété la loi et consacré une fin de non recevoir et un déni de justice aussi inique, je ne lui en fais pas mon compliment.

Quant à moi, je n'en suis, Dieu merci, pas réduit à tendre mon chapeau rond en disant piteusement : « *Date obolum Belisario,* » et je n'ai de commun avec lui qu'une cécité presque complète.

Je serais seulement bien aise de savoir si la gracieuse troisième République regarde tous les officiers qui n'ont pas eu l'honneur de la servir comme autant d'ilotes et de parias, et si elle compte les traiter comme tels.

Nous appelons pékin tout ce qui n'est pas militaire, disait un jeune officier à M. de Talleyrand : — *Et nous,* lui répondit-il, *nous appelons militaire tout ce qui n'est pas civil.*

Il y a de certaines règles élémentaires de la civilité puérile et honnête qu'on doit observer, surtout envers un homme de mon âge.

Ceci à l'adresse des signataires de la missive ci-jointe, laquelle m'a semblé singulièrement libellée. A quel propos donc ne me paierait-on pas ma croix d'officier de la Légion d'honneur ? J'ai reçu après juin 1832 celle de chevalier qui alors n'était pas en effet payée ; mais comme elles ont toutes été rétribuées depuis l'empire, je ne vois pas comment on aurait pu faire une exception pour moi.

A.-F. COUTURIER DE VIENNE,

Docteur en droit, ancien auditeur au Conseil d'État
Chef d'escadron d'État-major en retraite.

Gᵗ militaire
DE PARIS
ÉTAT-MAJOR GÉNÉRAL
Bureau de pensions
et secours

Paris, le 28 juillet 1878.

Le général de division, gouverneur de Paris, a l'honneur de transmettre à M. le général commandant la place de Paris, la demande ci-jointe, formée par M. *Couturier de Vienne*, chef d'escadron retraité en 1856, à l'effet d'obtenir une augmentation de pension.

Le fonds de subvention, prévu par l'article 8 de la loi du 22 juin 1878, ne concerne que les officiers retraités d'après le tarif de 1861.

Dans le cas où M. *Couturier de Vienne* ne serait pas titulaire de la subvention payée par la Légion d'honneur, il pourrait s'adresser à M. le grand chancelier pour obtenir cette allocation. (Lettre ministérielle du 27 juillet 1878.)

M. le général est prié de faire connaître à l'intéressé que sa demande n'est pas susceptible d'être accueillie, aux termes des règlements en vigueur.

P. O. Le colonel chef d'état-major général,

Signé: A. POSME.

Pour copie conforme:

Le général commandant la place de Paris,

FILIPPI.

TABLE DES MATIÈRES.

Pages.

893. — ABBEVILLE. — TYP. ET STÉR. GUSTAVE RETAUX.